パンゲアの鍵

途上国の医療支援に挑み続ける、ある医師の軌跡

PANGAEA'S KEY

Orui Hayato
大類隼人

梓書院

神戸市中央区の異人館街を歩く

ハイチ

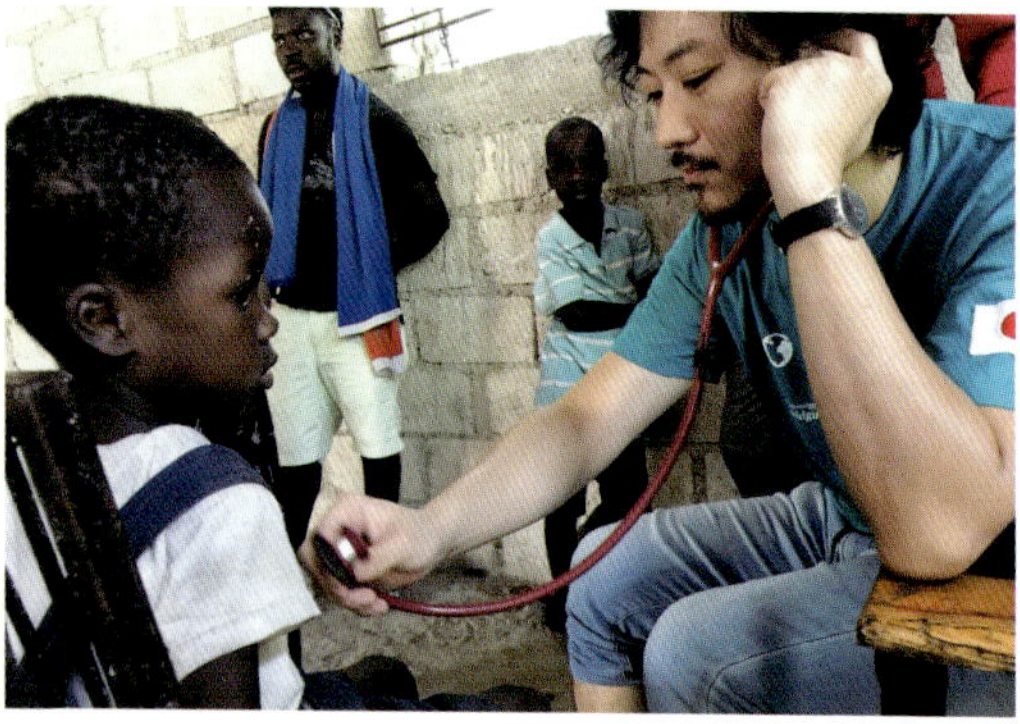

孤児院で、子どもたちの検診をする

ハイチでも、子どもたちに人気

ケニア

ダダーブ難民キャンプで

ブルキナファソ

シアバター製造の作業場を見学する学生部のメンバー

Future Codeのスタッフと建設したトイレを点検する

Future Codeのスタッフや住民たちと一休み

ブルキナファソ

住民への説明会は大きな木の下で

バングラデシュ

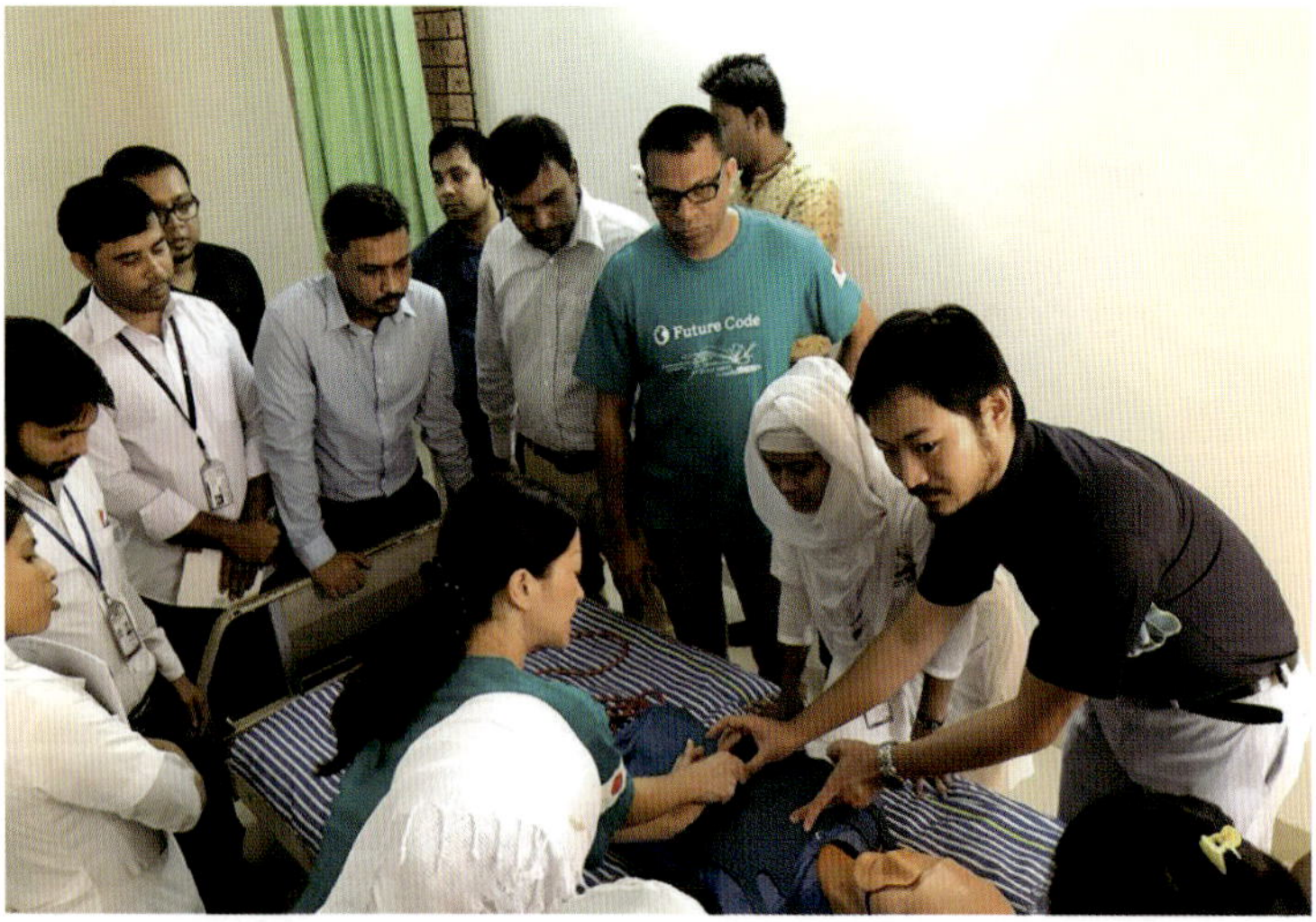

バングラデシュの病院で、人形を使って人工呼吸など救命指導をする

パンゲアの鍵

途上国の医療支援に挑み続ける、ある医師の軌跡

大類隼人［著］

まえがき

海外で支援活動を展開していると、しばしば「日本にも課題はたくさんあるのに、なぜ外国で活動するのですか?」といった質問を受けることがあります。確かに、大類隼人個人として活動する時も、そして、私が立ち上げた団体「Ｆｕｔｕｒｅ Ｃｏｄｅ」の活動も、主な舞台は海外です。

もちろん、国内で支援活動のリソースが十分足りているとは思っていません。災害発生時やコロナ禍などにおいて国内での活動も行っていますし、国内の団体や活動家との情報交換もしているので、事情はある程度把握しているつもりです。それでもなお海外に目を向けるのはなぜか。理由を問われれば、「見て、知ってしまったから」と答えるしかありません。

＊　＊　＊

世界には２００近くの国があります。その中で、水道の水がそのまま飲める国はたった11カ国しかありません。日本もそんな恵まれた国の一つです。また、ユニセフのデータによると、２０２１年における5歳未満児の死亡率は日本で１０００人に2人。一方、西アフリカのサハラ砂漠南部に位置するブルキナファソでは1000人中83人となっており、年間の累計では6万3千人を超える子どもたちが亡くなっています。他にも……と言いたいところですが、数字の話はこの辺でやめておきましょう。命を数で表すと重みがありません。しかし、知らない世界のことに触れる際の一つの手掛かりにはなるはずです。

こうしたデータを提示したのは、「日本が置かれている状況にみんなで感謝しましょう」という話をしたいからではありません。我々日本人は、たまたまこの国に生まれてきたに過ぎない。そして、ここで生活をしながら、日本の環境に慣れてしまっています。豊富な水資源に暮らしやすい気候、緑あふれる国土。テクノロジーや福祉。四方を海に守られた島国という環境。国として様々な課題を抱えているとはいえ、社会全体としては成熟しています。しかし、そんな私たちから遠く離れたどこかでは、生まれた国が紛争地域であるがために怯えながら暮らす人たちや、灼熱の大地を何十分も歩いて井戸へ水汲みに向かう子どもたち、適切な治療が受けられずに子どもを残して死んでゆく大人たちがいます。そんな風景は今この瞬間も繰り返されていて、その一人ひとりが今日を生きるのに必死なのです。

今や世界は繋がっています。国内のことだけを見ていても問題ない時代はとっくに終わり、遠い国で起きている貧困や差別、紛争などを放置していたら、自分たちの生活にもひずみが出てくるような構造になっているのです。東欧で戦争が起これば アフリカの飢餓が進行し、東南アジアで大災害が発生するとヨーロッパの服飾文化がダメージを受けます。日本も例外ではありません。だからこそ海外で起きていることも〝自分ごと〟として捉えなくてはならない。これは本書を貫くテーマの一つでもあります。

少なくとも私は、様々な国で、そこに生きる人たちの現実を見てしまった。そして行動を起こせば救える命があることも知った。ならば動くしかない、という思いで活動しています。目の前に死にかけている人がいて、自分が助けることができるのであれば誰だって自然に体が動くでしょう。医師であればなおさらです。

＊＊＊

ところで、私は先ほど「ブルキナファソ」という国を引き合いに出しました。少し唐突だったので、戸惑った方がいたかもしれません。私は海外での活動の中で、縁があって何度もこの国へ足を運んでいます。本書の中で詳しく触れていきますが、ここでは人々が非常に過酷な環境に置かれているのです。もしブルキナファソという国名を初めて知ったという方がいれば、ぜひこの機会に覚えておいてください。

少しだけ紹介しておくと、ブルキナファソの国土は日本の70％ほどの広さで、人口は2千万人強。モシ族、グルマンチェ族などから成る多民族国家です。主要産業はトウモロコシや粟、タロイモなどを中心とした農業で、私が現地に赴いた際に持った印象は、とにかく暑いということ。また、現地の「市」は日本でいうところの「村」という感じで建築物の密度が低く、住居も非常に粗末なものばかり。そして、国名に含まれた「ブルキナ（高潔な人々）」という言葉の通り、現地の人々は正直で勤勉です。

そんな国民性にも関わらず、この国は、数えきれないほどの課題を抱えています。貧困、飢え、健康福祉、教育、ジェンダー、水とトイレ、などなど。勘の良い人は気付いたと思いますが、これらは全てSDGsで掲げられた目標に該当します。同国は海を持たないのでその項目は除外するとして、残り16のゴールについては全てあてはまるといっていいでしょう。このような環境にあるブルキナファソのほか、私たちが活動してきた国は、ハイチ、バングラデシュ、ケニアです。個人としてはトルコでも被災地支援を行いました。それらの国々で何を見て、何をしてきたのかをこれからお伝えしていきます。同時に、活動の中で出会った現地の魅力的な人々や、尊敬すべき活動家、その活動家たちを支える市井の人々の姿も紹介していきましょう。本書でスポットを当てていくのは、世界の中でも見えづらい部分になると思うので、そうした遠い世界で何が起きているのかを知っていただき、何かを感じて、そして読者の心にもポジティブな変化が起これば嬉しく思います。

2024年11月

認定NPO法人 Future Code 代表理事／医師 大類 隼人

目次

第1章　医師への道

医療なのか、ビジネスなのか

　私は医師として、そして「Ｆｕｔｕｒｅ Ｃｏｄｅ」の代表理事として活動を行っています。Ｆｕｔｕｒｅ Ｃｏｄｅは、神戸を拠点として世界中の災害・貧困地域に医療支援活動を行うＮＰＯです。その誕生エピソードや具体的な取り組みの紹介は後の章に譲りますが、私たちの活動は医療の枠に留まらず、看護師育成や日本語学校の運営、ハンドクリームの販売、不動産、牧場経営や農業など非常に多彩です。各国の現地スタッフと連絡を取り合っている時にも、診療所の状況などの報告にまじって、「今年はヤギがたくさん子を産んだ」とか「地価が上昇気味だ」などといった情報が頻繁にやりとりされます。もちろん世間話ではなく、業務上の連絡です。そういった報告を受け、指示を出しながら「私は一体何をやっているのだ？」と混乱することもあります。

　本人がそんな調子なので、出会う人たちに「君がやっているのは医療なのか、それともビジネスなのか」と冗談まじりで言われることもしばしばです。この問いに対して真面目に答えるとすれば、「どちらも正解です」ということになるでしょう。発展途上国で活動していると分かるのですが、人々に必要とされているのは、病気の治療や予防といった

ブルキナファソで現地のスタッフと

医療支援だけではなく、衛生的な生活環境、経済的な自立、教育環境の整備など様々な支援です。そして、それらに応えるためにできることからやっていく中で、結果として〝医療もビジネスも手掛ける〟今の自分が作られていった、ということになります。

従って、海外からの連絡を受ける中で「診療所のスタッフが足りない」という相談も、「牧場の牛が40頭に増えた」という報告も、私の中では共に重要な現実になります。いわば聴診器と電卓を両手に携えて走り回っているのが私なのですが、こうしたスタイルをとるに至ったきっかけは、医師になるまでの背景から語っていった方が理解してもらいやすいかもしれません。

ちなみに、私がＦｕｔｕｒｅ Ｃｏｄｅの活動などについて講演をする際にも、「なぜ医学の道を志したのか」という質問を受けることが多くあります。これはおそらく私のようなタイプの医師が珍しいからなのでしょう。いかにもドクター然とした人であればそういう質問はあまり飛んでこないでしょうし、私の場合は「なぜこの人が医者に？」と腑に落ちない部分が多いから、聞きたくなるのかもしれません。そうした疑問に答えるためにも、ここからは私が医師として自立するまでの流れをなぞってみたいと思います。

医学の道へ「なんとなく」進む

日本で医師免許を取得するには、特別な例外を除き、大学の医学部か医科大学で学んだ上で国家試験に合格しなければなりません。しかし、これは楽な道ではなく、医学を学ぶのも大変ならば、大学に入るのも一筋縄ではいきません。当然、早い時期からそうした選択をして準備を整えていた人が有利なのですが、私のスタートはかなり遅く、しかも医大を目指そうとしたきっかけも、今思えば漠然としたものでした。ひとことで言えば「なんとなく」という感覚です。ここで「おいおい」と思った方もいることでしょう。言うまでもなく、人の命を扱う医師の責任はとても重いもの。知識や技術はもちろん、人間性や倫理観も問われる仕事です。そんな道に進もうとする者として「なんとなく」という姿勢はいかがなものかとお叱りを受けてしまいそうですが、それが当時の私の正直な気持ちだったのです。医師として命を預かることの責任や、仕事を通して得られるやりがいなどは、少しずつ理解していくことになります。

これからの活動などについて語る著者

そもそも、私の家は世間によくある〝医者一族〟ではありません。また、私自身も、高校時代を振り返ってみると学業が特に秀でている訳ではありませんでした。ただ、色々なことに興味を持つ性格で、一度興味を持ったものにはとことんのめり込んでしまいます（そうした面は40歳を過ぎた今でも変わっていません）。医師を目指そうと考え始める以前も、あらゆる方向に興味関心が向いていて、それぞれに熱中していました。例えば部活動の剣道です。

私は、母校である関西大倉高校に入学して、初めて剣道部に入りました。いわゆる〝武道〟に興味があったのではなく、歴史が好きだったので、古くから受け継がれる剣道という日本の文化を通して、自分の肌で歴史を感じてみたいと思ったのです。剣道はそのまま大学時代も続け、三段になっています。

もちろん練習は厳しく、生半可な気持ちでは続けられません。特に思い出されるのが、大学時代、夏の最も暑い時期に合わせて行われた「立ち切り」という稽古です。これは、1人の部員が大勢の部員から竹刀で打ち込まれ続け、立ち上がれなくなるほどフラフラになった段階で渾身の一撃を繰り出す、というもの。空手でいう百人組手のようなもので、本来は心の修行のために行う稽古なのですが、見方によっては〝しごき〟とも受け取られかねないほどハードなものでした。

とにかく過酷な稽古なので、立ち切りが嫌で退部する生徒もいたほど。もちろん私もこれが嫌で嫌で、立ち切りという言葉自体が恐怖でしかありませんでしたが、何とか耐え抜きました。それが自分にとって何の役に立ったのか。

私の場合は、後年アフリカの大地に立ち、叩きつけるような太陽の光と40度を超える猛暑の中、飲める水も限られている状況で活動を続けながら「立ち切り稽古の辛さよりはましかな」と踏ん張っていられるようになりました。どうやら、忍耐力が身についたことだけは間違いないようです。

馴染みのバーでのひととき

また、高校時代は芸術にも興味を持ち、油絵に取り組みました。部活動ではなく、美術の先生に直接教えを乞うというかたちで、思い立ったら絵筆をとりキャンバスに向かうスタイルです。美術作品も色々と鑑賞し、中でも私の心を揺さぶったのがカミーユ・コローの絵でした。19世紀のフランスの画家で、後の印象派の画家たちに大きな影響を与えたとされています。私も素人ながら影響されたようで、画風が似ていると言われることもあります。油絵は趣味として大人になってからも続け、馴染みのバーではイギリスに留学していた頃に描いた絵を飾ってくれています。

自由奔放に過ごした高校時代

ここまで読むと、〝文武両道〟を地でいくような模範的生徒のイメージが思い浮かぶかもしれませんが、残念ながらそうではなく、遊びにも全力投球するタイプの品行方正とは程遠い高校生でした。剣道部で日々稽古に励みながら、仲間たちとはバンドを結成。3歳からピアノを習っていたので、当初はキーボード担当というポジションだったのですが、ふとしたきっかけでギターに興味を持ち、ひたすら練習を重ねて、ヘヴィメタルを演奏していました。ご存知の通り、このジャンルは相応の演奏テクニックを求められるので、一度ギターを手に取ったら数時間は練習に没頭していたことを思い出します。

また、バイクにも興味を持ちました。高校在学中に中型二輪の免許を取得。右手のアクセルひと捻りで自分をどこまでも連れて行ってくれるような感覚に魅了され、暇な時間ができたら西へ東へとツーリングへ。しかし、こうやって楽しみがいくつもあると、お金が続きません。なので、大阪・梅田の繁華街でアルバイトにも励む毎日。優等生とは対極のような生活を送っていたので、同級生からは「あいつは不良だ」と見られていたかもしれません。そんなことにはお構いなしに、とにかく面白そうだと思ったら飛びつき、のめり込んで、寝る間も惜しんで何かをやっている。そんな高校生でした。ちなみにバンド活動は、医大を出て専攻医をしていたころまで続け、ポップスからハードロックまで様々なジャンルのバンドに参加、時にはライブ出演もしました。今は忙しすぎて練習時間をひねり出すのも難しいため、バンドとは遠ざかり、もっぱら鑑賞専門で楽しんでいます。

このような高校生活を送っていたので、大学受験どころではありません。3年生の時の受験は事実上放棄したようなかたちで終わりました。卒業後は自然な流れで予備校に入るのですが、模擬試験ばかりが続く日々に嫌気がさして3カ月でやめてしまい、いわゆる〝宅浪〟をすることに。私は競争相手がいないと前に進めないというタイプではないし、自分の好きなように受験勉強を進める方が性に合っていたのです。ただし、自分のペースでやるといっても、目標は決めなくてはなりません。どの大学を狙おうか……と選ぶ中で、「生物」というキーワードが浮かび上がりました。小さいころから昆虫や生き物が大好きで、学校の勉強でも生物は得意だったので、受験科目に生物が選択できる大学をピックアップ。その中にあったのが兵庫医科大学だったのです。私が「なんとなく」と言った意味がお分かりいただけたかと思います。

ただ、今になって冷静に振り返ってみると、医学の道を志す上で、意識の深いところに働きかけたものはあったように思います。それは〝祖母の願い〟です。私の祖母は、伴侶だった祖父が病気を患い、その闘病生活が長期間にわたっていたため、医師の世話になることが多くありました。そうした中で祖母は、「お医者さまというのは本当にありがたい。できることなら孫を医者にして恩返しがしたい」と語っていたそうです。それは私も知っていました。祖母にとっての孫は私を含めて2人で、もう1人は既に文系の大学に進学済み。つまり祖母の願いを叶えることができるのは、おのずと高校で理系のクラスにいた私ということになります。それを特別に意識したり、プレッシャーと感じたりすることはなかったのですが、医学の道に進めば祖母も喜んでくれるだろう……と漠然と考えた。こうした潜在意識のようなものが、なんとなく進路を考えていた私の背中を後押しし、その後の人生を決定づけたのかもしれません。

とは言いつつも、当時の私にとって医師への道は、いくつもある人生の選択肢の一つに過ぎませんでした。それでも自分なりに勉強を積み重ね、1浪の後に晴れて兵庫医科大学に合格しました。いざ合格してみると「医学の研究者になるのも面白そうだ」という考えが私の中で頭をもたげ、他に合格した大学を辞退し、医師への道に足を踏み出したのです。

医学生として生まれ変わる

大学生になって、私は別人のようになりました。勉強に打ち込むようになったのです。剣道やバンド活動は続けていましたが、興味のあることに手当たり次第に首を突っ込んでいた高校時代とは違い、学びの比重が大きく増えて密度も濃くなりました。理由は単純に、医学を学ぶことが面白かったから。患者さんは一人ひとり病気が違うし、部位も進行の度合いも異なります。それを診察し、検査して、どのように対処するか。医師がとる方法や出す答えは、同じこともあれば違うこともある。生きた医学に触れていくにつれて私の興味は増し、早く現場に飛び込みたいと気持ちは高ぶり、「そのためにはまず勉強あるのみ」とひたすら学び続けていたのです。そして、2回生の時、解剖の授業を受けた際に外科への興味を深めました。このように刺激をもらいながら、自分の進む道が徐々に決まっていったのです。以前は自分の前に無数の選択肢がありました。しかしそのどれもが漠然としていて輪郭を持っていなかった。その後、受験と医科大学での学びを経て、選択肢の中の何本かが次第に太く、くっきりとし始めて、私もそこに手を伸ばそうとしていました。

進むべき道が定まってくると、勉強にもさらに熱が入ります。医大での6年間を通して学びの勢いは止まらず、単位を落としたのは1科目だけでした。4回生の時の腎臓の試験なのですが、これは徹夜で勉強していたため、試験当日にうっかり寝過ごしてしまい、目が覚めた時には試験が終わっていた……という何ともお粗末な話で、このために全単位のパーフェクト取得を逃してしまいました。今となっては笑い話です。

もちろん、医大生だった頃に、毎日ひたすらテキストとにらめっこしていたわけではありません。高校時代とは違う新たな興味も芽生え、空いた時間があればそれを使って医学以外の刺激も得るようになりました。最も思い出深いのが世界各地への貧乏旅行です。

大学の長期休暇が近づくと、「さて、次はどこへ行こうか」と心がざわめき始めます。行先を決めたら格安の航空チケットを手配し、低価格のホテルを予約して、荷物をバックパックに詰め込み、いざ出発です。カンボジア、シリア、中国、エジプトなど色々な国をまわりました。貧乏旅行なので、現地での移動も、食も宿もランクはエコノミーだし、トラブルはつきもの。ホテルを予約したのに、現地に行くと相部屋で風呂もトイレも共用のドミトリーだった、なんてことはざらです。大変な目に遭うこともありましたが、それでも楽しくて仕方ありませんでした。そもそも歴史が大好きなので、世界各地の史跡を訪問するだけでもワクワクします。紫禁城やピラミッドをはじめ、本物の世界遺産の数々が私を興奮させました。そして街に出ると、テレビの画面では分からない人々の活気や喧噪、匂いや色彩などが五感を通して感じられます。バックパッカーならではの、一般の観光旅行では味わえないような体験もしました。そして、「もっと生きた英語を身につけたほうがいいな」と感じたのも、旅の中でのことでした。

こうした様々な経験が、後に海外で活動する上で役に立っています。しかし、この時点での私はまだ旅行者の域を出ません。発展途上国が置かれた現実を知るのは、もう少し先のことになります。

恩師との出会い

このように大学生活を過ごしている中で、私の人生において重要な出来事がありました。恩師である長谷川誠紀《せいき》先生との出会いです。

長谷川先生は1958年、兵庫県西宮市生まれで、京都大学の医学部を卒業。大学院で博士課程を修了され、同大助教授などを歴任した後、2004年に兵庫医科大学の教授に着任されていました。呼吸器外科の専門医である先生の講義を、私が初めて受講したのは5回生の時だったと記憶しています。当時、私が先生に対して持った印象は「真面目な外

恩師である兵庫医科大学の長谷川誠紀教授

科の先生らしい教授」というものでした。

そしてその印象通り、長谷川先生は医療に対する真摯な姿勢を貫く人でした。こうした心のあり方を先生から学び、呼吸器外科という選択をする機会も与えていただいた、私にとって文字通りの恩師です。

もちろん、恩師といっても講義を受け始めた頃の私は大勢いる学生の1人にすぎず、長谷川先生とは遠い距離がありました。しかし、そんな先生を急に身近に感じられる出来事があったのです。

5回生の時、祖母にがんが見つかりました。兵庫医科大学病院で手術をすることに決まり、その手術の執刀医が長谷川先生になったのです。先生から「大類君は孫か」と聞かれ、そうですと答えると

「手術に立ち会わないか」と。私は先生に頭を下げ、一緒に手術室に入ることになりました。もちろん手術は無事に成功です。この頃から、先生のざっくばらんで温かみのある人柄にひかれるようになり、専門とされていた呼吸器外科も強く意識するようになりました。

この呼吸器外科という分野は、人間の生死を分ける呼吸器を扱うため非常にシビアであると同時に、手術は平均で2〜3時間ほど。例えば肺がんの手術で片方の肺の半分を切除したとしても、経過が良ければ1回の手術で終わります。退院が早いのも特徴です。このように「勝負が早い」という面が自分の性格に合っているということもあり、最終学年の6回生の時、私は呼吸器外科の医師を目指すことに決めました。こうして振り返ってみると、やはり私がたどった道は知らず知らずのうちに祖母に導かれているようにも思えます。

ともあれ、進路を見極めた私は、6年間で大学を無事卒業。国家試験もパスし、臨床研修へステップを進めていきました。さらにその後、専攻医として過酷な医療の洗礼を受けるのですが、そうした中で自分がやるべきことを見出していったのです。

専攻医としてのハードな日々

ご存知の方も多いと思いますが、医師免許を取得しただけでは診療に従事することができません。医師法で臨床研修を修了することが義務付けられています。臨床研修は2年間続き、この期間は「研修医」として内科、外科、麻酔科、産婦人科、小児科……と様々な診療科を巡りながら現場でのトレーニングを積んでいくのです。すでに「□□科の医師になろう」と決めている人も同様です。私自身も、呼吸器外科の医師になることを決めていましたが、各科の現場をまわりました。

そうした中、兵庫県災害医療センターや、兵庫県立こども病院の小児専用救急ICU（集中治療室）で研修をした際、救命救急医療に興味を持ちました。呼吸器外科と同様「生命にかかわる」と同時に「勝負が早い」という分野であり、責任の重さとやりがいの大きさがあります。いったん興味を持ったからには突っ走るのが私の性格です。2年間の臨床研修を終えた後、さらにこの分野を集中的に学ぼうと、呼吸器外科と救命救急の「専攻医」として京都市立病院で働き始めました。これが2008年、私が27歳の頃です。

専攻医としての勤務は、研修医時代とは比べものにならないほど多忙で、過酷なものでした。当直で夜通し働いた後、翌日の夜12時に帰宅して一息つこうと思ったらすぐに呼び出しがあって病院に戻る、などということは日常茶飯事です。勤務表では休日になっていても、経過が心配な患者さんがいれば病院に顔を出して様子を確認します。気分転換にどこかへ行こうと思っても、そうしたことが気になって楽しみに没頭できないことが分かっているので、病院から離れた場所には行きたくない。これが〝命を預かる〟ということなのだと改めて気づかされました。しかもまだ若いので、力の抜き加減が分からずにずっと緊張しています。心が休まることはなく、仕事が終わった真夜中、ようやく帰宅しようと駐車場の車の運転席に腰を下ろすと同時に眠りに落ちてしまい、翌朝出勤してきた上司に「おい、こんなところで何をしている?」と起こされたこともありました。

こうした過酷な状況の中で、医師としての技術も鍛えられていったのです。どんな場面に遭遇しても冷静に対処できるようになり、少しずつ自信もついていきました。

ただ、現在の世においては、この働き方が良いと言っているわけではありません。この時代では、まだこれも普通だったのだと思います。その過酷さを、なんとかプラスに変えることができ、私は幸運だったのかもしれません。医療に携わる者として大きな責任を感じながら、人の役に立つ仕事ができるという喜びも感じられるようになり、私が国際協力のことを考えるようになったのは、ちょうどこの頃だったように思います。

世界には、大きな災害に巻き込まれた被災者や、発展途上国で様々な困難を抱えた人たちがいる。そうした現場で活動する医療チームの姿を、メディアなどを通して見ながら、医師たちがどんな気持ちでいるのかを想像しようとしました。また、支援の手が届かずに助けを待つ人たちのことも考えました。学生時代に貧乏旅行をした際にも各国の様子を直接自分の目で見てきましたが、そんな世界のもっと奥には、生きることすらままならない人々がいる。日本にも医療者の手を必要としている人は大勢いるが、病院には私に代わる人がいるかもしれない。しかし発展途上国や被災地では……。

もちろん、海外で活動するのであれば、安定した病院の仕事を続けることはできなくなります。収入も不安定になるでしょう。しかし、私はもともとお金にはあまり頓着しない人間なので、生きていくだけの収入があれば何とかなるかもしれない……。専攻医時代には、このようなことをぐるぐると考えていました。そして、少しでも知識をつけておこうと、時間があれば国際協力関連の本を読み、ＮＰＯなどが開催する市民向けの災害医療講演会に参加するなどして、自分の中に生まれた何かが日々の忙しさの中で消えてしまわないよう、繋ぎ留めておいたのです。

やがて、専攻医になってから2年が経過しました。最初から「京都では2年」と決めていたので、京都市立病院にはお世話になったお礼を述べつつ職を退き、兵庫医科大学に戻って、呼吸器外科と救命救急の助教として長谷川先生の下で働くことにしました。それから1年が経とうとしていた頃、あの巨大地震が発生し、私の人生も大きく変わっていったのです。

第2章 被災地支援で自分ができたこと、できなかったこと

東北への思いを共にする人たち

2011年3月11日、私は兵庫県西宮市にある兵庫医科大学病院にいました。午後の手術を終え、遅い昼休みをとろうと8階の医局に戻ったちょうどその時、病院の建物が不気味にユラユラと揺れ始めたのです。

関西で長く暮らしている人は、阪神・淡路大震災を経験しているので大地震の恐怖を知っています。その時、西宮市は震度2程度にとどまったため、医局でも慌ててパニックになるような人はいませんでしたが、高層階の揺れは相応に強く、しかも長時間に及びました。巨大地震にともなう長周期地震動のためだと思われますが、直感的に「ただごとではない」と感じました。おそらくそれは他のスタッフも同様で、まわりの誰もが不安そうな表情を浮かべていたのです。

やがてテレビが国会中継を中断し、東日本一帯を襲った未曾有の大惨事を伝え始め、ようやく何が起きているのかが分かりはじめました。画面に映し出されていたのは、猛烈な揺れの後、濁流のように押し寄せる真っ黒い津波と、流されていく無数の自動車や家屋。人々の暮らしが一瞬にして破壊されていく。医局にいる誰もが言葉を失い、ただテレビの画面に見入るばかりでした。阪神・淡路大震災がフラッシュバックした人も多かったのではないかと思います。

悪夢のような一夜が明け、被害の状況が次第に明らかになっていくにつれて、私の中では「何かできることはないのか、きっとあるはずだ」という思いが募っていきました。医師としてはもちろん、16年前の震災を体験した者として、そして、同じ日本人として何かをしたい。いてもたってもいられない気持ちです。大学病院の関係者や、まわりの友人たちにも「これは非常事態だ。全国の病院が協力して支援に向かうべきだと思う」と説いてまわり、すぐにでも被災地に飛びたいと考えたのですが、「大類の気持ちは分かるが」と逆に説得されました。「被災地以外の病院でも診療を継続しなくてはならない。簡単に人は出せない」と。

冷静に考えると、こうした反応は当然です。病院には診察や手術を待つ患者が控えており、その人たちを後回しにすることはできません。医師の人数も限られています。もし人員が割けたとしても、被災地の詳しい状況も分からないし、どこに何人派遣したらいいのか、私にだって分からない。物事には順序があります。ならば、その順序を守ればいい。

私はいくつかの医療団体に連絡を入れ、状況はどうか、私が役に立てることはあるのか、といったことを確認しました。するとそんな団体の一つから「東北の現場に派遣したい」という返事をいただきました。国際医療ボランティア組織の「ＡＭＤＡ」（アムダ）です。この出会いは、私がその後たどる道筋に大きな影響を与えることになります。

ＡＭＤＡは、the Association of Medical Doctors of Asia の略で、岡山市に本部を置くＮＰＯです。私はこの団体と活動を共にしようと決めましたが、もちろん自分の持ち場もあるので、独断で勝手な行動はできません。すぐに上司や同僚のもとへ行き、派遣中の期間は休ませてもらえるようお願いしました。そんな中、長谷川先生から「大類君を被災地に送り出すことが、私たち兵庫医科大学ができる精一杯の支援である」という激励の言葉をいただき、現場の同意も得ることができたのです。ちなみにその頃、長谷川先生も、「東北地方では、例えば肺がんの手術などができなくなっている可能性がある。そうした場合はこちらでも受け入れられる態勢を整えておいて、すこしでも被災地の力になれれば」と、病院内で提起していたと後で聞きました。本当に、頭の下がる思いです。

このような経緯の後、私は大急ぎで引き継ぎなどを済ませ、準備を整えて、大震災の発生から2週間近く経った頃にようやく被災地に向かって出発しました。そして現地には、私の想像をはるかに超えた風景——津波という巨大な自然災害によって破壊し尽くされたまちの風景があったのです。

被災地の風景に言葉を失う

東京からバスを乗り継いで向かったのは、宮城県の南三陸町でした。当初は別の地域が予定されていたのですが、急きょ変更の指示が入り、このまちに向かったのです。こうしたことから、現地も支援本部も混乱を極めていることが推測できました。

ようやく南三陸町に到着し、バスを降りて、私は絶句してしまいました。ニュースなどで見た映像から、ある程度想像はしていたのですが、ここまでひどいとは。見渡す限りがれきの山です。木材にコンクリートに錆びた鉄。それらのがれきは全て、つい最近まで人々がここで営んでいた生活の証しでした。いつもと同じ日常を過ごしていた人たちを突然襲った巨大な災害。「助けて」という言葉がどこかから聞こえてくるようで、胸がつぶれそうになります。

この南三陸町は、1960年に発生したチリ地震津波でも甚大な被害を受けたため、その復旧事業として防潮堤や水陸門を整備し、防災訓練も続け、災害に強いまちづくりを進めてきたのだと聞きました。そこまでの備えをしていたのに、自然の力の前で人間はこんなに無力なのかと改めて考えさせられます。まちに78カ所が指定されていた避難所・避難場所も、34カ所が津波の浸水や流失などの被害を受けたそうです。

まちの中には、鉄骨だけが残った3階建ての建物の残骸がありました。ここは同町の防災対策庁舎で、あの3月11日には、町役場の職員だった遠藤未希さんが防災無線で最後の瞬間まで「津波が押し寄せています。高台へ避難してください」と呼びかけ続けた施設です。庁舎は屋上の高さを超える津波にのみこまれ、遠藤さんを含む43人が犠牲になりました。また、地域医療の拠点だった公立志津川病院は建物の4階までが津波にのまれ、70人を超える犠牲者が出たと聞きました。

ずたずたに引き裂かれ、叩き潰され、押し流されたまちを歩きながら、私は思わず自問自答していました。「何かできることはないか、という衝動に駆られてここに来たが、果たして自分に何ができるのか」。あまりにも大きな災害は、時に人の想像力をさえ奪ってしまいます。私はそうした無力感に抗いながら、静まり返ったがれきの中を進みました。

先発の医療支援チームとは、避難所である小学校の体育館に設けられた臨時の診療所で合流しました。そこでＡＭＤＡの責任者からいただいた指示は「私があれこれ説明するより、まず大類さんが現場に入って、いろいろ覚えてください」というもの。初めてのことなので少し面喰らいましたが、これは被災地では当然のことです。マニュアルなどありませんし、教育をしている余裕もない。医師は一人ひとりが頭をフル回転させながらその場、その時に合わせて動き、チームワークを作っていくのです。私はすぐに被災者の住むスペースと診療現場に案内されました。

現場にはすでに数人の医師がいましたが、内科系の医師が多かったため、外科医の私はすぐ対応に追われました。傷口を縫合したり、化膿している部分を切開して消毒したり。避難時に怪我をした人だけでなく、がれきの中で片付け作業をしている時に怪我をする人も多いのです。災害時には破傷風患者の発生も危惧されます。丁寧な処置とスピードを両立させながら、状態も見極めつつ、私は自分のやるべきことを黙々と進めていきました。

1日の診療を終えると、医療支援チームのスタッフは教室で寝袋に入って睡眠をとります。へとへとに疲れ切っているので熟睡したいのですが、強い余震が頻繁に起きるためその度に目が覚めてしまう。浅い眠りと大きな揺れの恐怖からくる覚醒とを繰り返しているうちに、昼夜を問わずいつも揺れているような錯覚に陥ります。救命救急の修羅場を経験している私も、さすがにこの状況には弱りました。寝袋での睡眠というのも疲労回復には向いていません。このまま寝不足が続くと診療にも影響が出てしまう恐れがある……と不安になりましたが、これは私だけでなく、現地の医療支援スタッフ全員に関わる問題でした。幸い、車で1時間ほど離れた福島県相馬市内のホテルが機能しており、そこに交代で泊まれるようになったので、ようやく状況は改善されました。

とはいえ、毎日安眠できるようになった訳ではありません。余震は頻繁に起きており、その都度私たちは緊張を強いられました。中でも強烈だったのは、4月7日の深夜に発生した大きな余震です。その日の診療を終えてホテルに帰った直後、ようやく体を休められる……と思った瞬間に、グラリと大きな揺れが始まりました。3階建てのホテルで、我々医療支援チームは1階に泊まっており、私はすぐに携帯電話を引っ掴んで大急ぎで外に飛び出しました。建物の倒壊はもちろんですが、強い揺れでドアが壊れて閉じ込められる恐れもあったからです。外に出て振り向くと、ホテルのエントランスの枠が歪み、クネクネと不気味に揺れているのが分かりました。

ふとまわりを見ると、戸外に出ている人の数が意外に少ない。屋外に避難したのは1階にいた人たちだけだったらしいのです。こうしている間にも、次の揺れがいつ襲ってくるか分かりません。ホテルのスタッフと相談して、2階と3階の宿泊客も屋外に避難させることになりました。私は2階に残っている人たちを誘導したのですが、この時点では停電しており、ホテルも含めて辺りは真っ暗。どこかからガスの匂いも漂ってきていました。本当に、命の危険を感じ続けた夜でした。

後で知ったのですが、この夜に起きた地震の規模はマグニチュード（M）7・2。余震と言っても、阪神・淡路大震災のM7・3に匹敵する大地震だったそうです。このように、被災地では医療者も常に危険にさらされています。私も恐怖と隣り合わせの日々でしたが、そうした中で何かが心の中に生まれつつありました。それが何なのかに気付くのは、もう少し後のことになります。

被災地支援の中で思ったこと

私が現地入りしてから少し経った頃、支援物資が各地から届き始めました。避難所には足りないものが数えきれないほどあり、それが少しずつでも埋まっていくのはありがたいことです。ただ、給水車が避難所に水を運んできたのには戸惑いました。私が活動していた南三陸町の避難所では、避難者の大半が着の身着のまま、体ひとつで逃れてきた人々ばかりです。当然ポリタンクや給水バッグなどは持っていないので、せっかくの水を配ることができません。平時の水不足とは全く状況が異なるのですが、経験したことがない災害に何とか対応しようとしているので、誰も責めることはできません。どうやら日本中が混乱しているようだ、と私は感じていました。

また、被災地では新しい問題も次々に起こりました。その一つがノロウイルス感染症の流行です。南三陸町でも感染が拡大し、医療支援チームの取り組みに「感染症対策」が加えられました。この感染症の主な症状は吐き気や嘔吐、下痢、腹痛、軽度の発熱などで、その度合いは人によって様々。ほとんどが経口感染で広がるため、対策としては手洗いの徹底が有効で、特に食事前やトイレの後が重要になります。もちろん患者の排泄物を処理した後には特に念入りな洗浄をする必要があり、こうしたことは医師の間では常識なのですが、問題となったのがトイレの掃除でした。

医師は診療で手一杯なので、避難所のトイレ掃除はボランティアが担ってくれていたのですが、そうした方々は当然ながら感染症対策の知識を持っていないため、さらに感染を拡大させてしまう可能性があります。しかもボランティアは次々に新しい方が来るので、教えていたらきりがない。やむを得ず、医療支援チームのメンバーが手分けしてトイレ掃除を行うことにしました。もちろん、ボランティアの方たちに非があった訳ではありません。感染症のリスクがなければお願いしたいところでした。

実際、ボランティアの方々には被災者も随分助けられたことと思います。ただ残念なことに、ボランティアでやってきたものの、被災地で何をすべきか分かっておらず、手持ち無沙汰な様子をしている人の姿もちらほらと見られるようになってきました。そうすると現地で活動している人々からは「邪魔な人がいる」と批判されるようになってしまいます。私もそうした光景を何度か目にしました。「被災者を助けたい」という気持ちは分かるのですが、組織化されていないボランティアは善意の空回りになりがちです。悪くすると現地の復興作業を邪魔したり、交通渋滞を引き起こしたりする可能性すらあります。こうしたことも教訓となり、後の熊本地震などの際にはボランティアの受け入れ体制も改善されていたようですが、東日本大震災の時点ではボランティアの活動にも課題がある、と私は感じていました。

いずれにしても、何らかの災害が起こった場合、被災地では1人でも多くのボランティアを必要とします。今では自治体やメディアが、「いつ・どこに・何を持って」といった情報を公開しているので、活動に参加しようと思った方は綿密に下調べをして、「助けたい」という自分の気持ちではなく被災者の気持ちを第一に考えて行動していただければと思います。私が被災地で聞いた「ボランティアが邪魔」という言葉も、繰り返してはならないのです。

現地での様々な出会い

さて、発災から1カ月が経過し、4月中旬になった頃には緊急度の高い事例もようやく減り、私の心にも少しずつ余裕が生まれ始めました。診療の合間には、共に活動をしている人たちや、災害時の救助活動に長く携わってきた先達から話を聞く機会も得られます。中でも忘れられないのは、ある役場の男性職員の話です。

その方は、大震災の直前、仙台市に住んでいた父親が亡くなったため、急きょ防災無線の担当を代わってもらったそうです。それを受けたのが、防災対策庁舎で避難を呼びかけ続けて亡くなった遠藤未希さんでした。その男性は「遠藤さんの死を、私は一生、考え続けていかなければいけない」と語っていました。こんな時に、人はどのような言葉をかけたらいいのでしょうか。私はそうした言葉を見つけられず、ただ耳を傾けることしかできませんでした。

また、逃げ遅れた人などを上空から捜索するヘリコプター・チームの方は、私が兵庫から来たことを知ったためか「阪神・淡路大震災の活動には悔いを残している」と語り始めました。

その方が言うには、「阪神・淡路で活動をした時には、被災者を早く見つけなければと気持ちが焦り、できるだけ低空で飛びながら捜索した。しかしあの時、ヘリの爆音が被災者の助けを求める声をかき消してしまったかもしれない」ということでした。その反省と教訓を胸に、東日本大震災の捜索活動では爆音の影響が少ない上空を飛び、人影を見つけたら降下する、という方法をとっていたそうです。

そうした話を聞きながら、私も29年前に故郷を襲った大地震のことに思いを馳せていました。あの時私は13歳の中学生で、住んでいたのは大阪府の高槻市。大阪は震度4と発表されましたが、高槻市は断層があるためか体感の揺れは相当大きく、家の中でも色々なものが落ちたり倒れたりして、ものが散乱した状態になりました。両親の結婚式の思い出として飾られていた品々もすべて壊れてしまった。父は外の様子を見に行き、帰ってきて「大丈夫だ」と言いましたが、その時点で家の塀は横倒しに倒れていたのです。おそらく父も軽くパニックになっていて、塀が倒れてしまったことにすら気付かなかったのでしょう。

東大阪市に住む母方の叔父は、自身も被災者だったのですが、より被害が大きかった神戸市を助けるためリュックサックに支援物資を詰め込んで、歩いて現地まで行ったということを覚えています。全国からも、多くのボランティアが関西各地に駆けつけてくれました。このように、市井の人々が災害支援活動に参加するようになったため、阪神・淡路大震災が発生した1995年は「ボランティア元年」と呼ばれているそうです。災害時の医療支援という分野もここで多くの教訓と学びを得ており、この年から大きく進歩したと言われています。

また、阪神・淡路大震災の時には、国内だけでなく十数カ国から支援を受けたそうですが、東日本大震災の時も海外からの力強い支援がありました。私がいた南三陸町にはイスラエルの医療チームが派遣されており、仮設の診療所を開いていました。チームは医師をはじめ、看護師、薬剤師、通訳などのメンバーが揃う50人規模の大部隊で、持参した医療機器も充実しています。私たち国内の医療支援チームはレントゲン機器を持っていなかったため、骨折の疑いがある人はイスラエルの診療所に運んで対処してもらいました。このイスラエルチームと日本チームの調整役を務めていたのが、別のＮＧＯから救命医として派遣されていた甲斐聡一朗さんでした。甲斐さんは兵庫県災害医療センターの医師で、研修医時代に一緒に仕事をしたこともありました。年齢も同じだったので私たちはすぐに意気投合し、その後Ｆｕｔｕｒｅ Ｃｏｄｅを法人化した際には理事を務めてもらっています。

東日本大震災では、イスラエルのような医療支援をはじめ１５０を超える国や地域から様々なかたちで支援を受けています。そのすべてが経済的に余裕のある国という訳ではありません。日本円で数百万という金額も、発展途上国が苦しい財政状況の中から捻出するのは至難の業なのです。ある国からは、寄せられた援助とともに以下のようなコメントがあったそうです。「この支援額が日本にとってわずかなものでしかないことは分かっている。しかし、この支援は、我々が苦しいときに支えてくれた日本に対する我々のプライドなのだ」。こうした想いと一緒に届けられた支援のことも、私たちは記憶にしっかりと留めておきたいものです。

南三陸町の支援を終えて次の〝持ち場〟へ

南三陸町に入ってから１カ月余りが過ぎた頃、私たち医療支援チームも被災地を後にする日がきました。最後の診療日の夕方、全ての患者を診おわった後で現地の皆さんたちと一緒にささやかなお別れ会を開催。同町のベテラン外科医である笹原政美先生が「あの3月11日は、私たちの誰もが本当に苦しかった。厳しい環境の中で、皆さんは一緒に取り組み、このまちに貢献してくださった」という話をされ、お茶とジュースで乾杯しました。

お別れ会では涙ぐんでいる人の姿もあり、ここで小さな区切りがついたことを実感しました。私たちは役目を終え、次の人たちにバトンを渡します。そして、現地では復興に向けた動きが始まり、地元の皆さんはこれからも被災地で厳しい現実の中を生きていかなくてはならないのです。その時、私の心境は複雑でした。自分としては精一杯やったつもりですが、達成感のようなものはありません。むしろ心の中にあるのは無力感でした。被災地で自分にできたこともありましたが、できなかったことに対する悔しい思いの方が強い。そんなモヤモヤとした気持ちを抱えつつ、一緒に戦った仲間たちと別れを告げ、私は被災地を後にしたのでした。

ちなみに、お別れ会で私たちに言葉を贈ってくださった笹原先生は、大震災で自宅兼診療所を失っていました。その後、南三陸町の住民が多く移住した宮城県登米市に新たな診療所を移転開業されました。南三陸町では毎年3月11日に犠牲者の追悼式が行われています。コロナ禍になる前は私も参列させていただいていましたが、2024年、新型コロナウイルスが5類に移行して、再び参列させていただくようになりました。

2011年4月、大学病院に戻った私は、自分の持ち場での仕事を再開しました。以前と変わらず忙しい日々が始まりましたが、私の脳裏には時折被災地の風景や人々の顔がよみがえります。そして、それとは別に心に引っ掛かっていることがありました。ハイチのことです。

東日本大震災の前年にあたる2010年1月、日本から見ると地球のほぼ反対側にあるハイチで大地震が発生し、30万人を超える犠牲者が出ていました。大地震だけでなく、その後のハリケーン被害や疫病の流行などもあり、危機的な状況だということも報道では伝えられていました。そうした中、南三陸町での医療支援で出会った、AMDAでハイチ担当だった方から「ハイチはいまだに復興の足掛かりをつかめていない。東日本の後、ハイチに行くが一緒に行かないか」という言葉をかけていただいていたのです。

その言葉を反芻し、ハイチの状況を想像しながら、同時に私は南三陸町で連携したイスラエルの医療チームのことを思い出していました。彼ら・彼女らは、母国から遠く離れた日本の被災を、同じ地球上の同胞のこととして捉え、人と設備を持ち込んで素晴らしい活躍をしてくれた。ひるがえって、今の私はどうか。そう考えると、いくつもの疑問が浮かんでくるのです。国内の被災地ですら無力感にさいなまれてしまう力のなさ、あるいは海外での支援活動に関する知識の不足。知らない世界に飛び込んで、もっと実力をつけたい、知識がほしい。そして、それを人の役に立てたい。自分にとっての〝持ち場〟は世界中にあるのかもしれない。東北の被災地で私が抱え続けていたモヤモヤの正体はこれだったのか——そう気付いたら、いてもたってもいられません。私は、声をかけてくれた方に連絡をとり、ハイチに同行したいと伝えました。ここからが、自分にとっての本当のスタートになったのです。

第3章 まだ知らない世界へ——地球上を駆け回る日々

現場を知るためにカリブ海へ飛ぶ

ハイチに行くことを決めた私は、すぐに抱えていた仕事を整理し、大類隼人個人として現地に飛びました。まずは被災地で何が起きているのか、医療チームがどんな困難に立ち向かっているのかをこの目で見なくてはならない。その上で何か一つでもいいから、被災者の力になりたい。そして経験と知識を積み上げて、次の新たな支援に役立てよう。そんな思いを胸に現地へ向かったのです。

ハイチは正式には「ハイチ共和国」で、アメリカのフロリダ半島の先、カリブ海に浮かぶ国。キューバとドミニカ共和国に挟まれる位置にあり、首都はポルトープランス。北海道の3分の1ほどの国土に約1150万人の人々が暮らしています。欧米の強大な力に翻弄され続け、長きにわたって政情不安や貧困といった問題を抱えている、そんな国の一つです。

飛行機が到着したのは、首都にあるポルトープランス国際空港でした。空港のまわりは被災者のテントでびっしりです。事前に聞いていた、地震から1年以上が経過しているのにもかかわらず「いまだに復興の足掛かりをつかめていない」という言葉の意味が、その景色を見て腑に落ちました。もとより貧困にあえいでいた国が地震に襲われ大混乱となり、衛生状態が悪くなった中で追い打ちをかけるようにコレラがまん延。大勢の人が命を落とすような状況になっていたのです。

空港からは車に乗せてもらい、現地の医療現場に向かいました。市街地は砂ぼこりに満ちていて思わず目を細めるほど。熱帯気候のため気温は常に高く、車にはもちろん冷房などついていません。それから毎日、噴き出し続ける汗を拭き、砂ぼこりと戦いながら多くの医療現場に足を運びました。そして私は、それらの場所で、医療支援の現実を目にすることになったのです。

それぞれの医療現場では、数えきれないほどの人がベッドに横たわっていました。一目見ただけで状態の悪い患者が多いことが分かります。原因の一つが前述のコレラでした。ハイチには雨季があり、その時期にハリケーンに見舞われることもあります。大地震があった年には、折悪しく10月にハリケーンの襲来を受けて洪水が発生し、衛生環境の悪化からコレラがまん延しやすい状況になってしまったのです。

コレラはかつて死をもたらす恐怖の病でした。重症化すると激しい下痢と嘔吐に襲われ急激な脱水を起こし、患者はショック状態に陥ります。処置としては水分と電解質を補う「輸液」が必須で、適切に対応すれば死亡することはめったにありません。もちろんこうしたことは現場の医師たちも分かっています。しかしそこで聞こえてきた声は「点滴さえ打てれば治療できるのに、輸液が足りない」というものばかりでした。

施設のベッドは埋まっており、その多くが重症患者。医師がいて、処置方法も分かっている。しかし誰にも何もできず、患者は衰弱していき、やがて息を引き取る。私にはその現実が受け入れられませんでした。日本でも、衰弱して息を引き取っていく患者をみとったことはあります。しかしそれは、医療では手の尽くしようがないという状態でのことでした。ハイチで私が目にした光景は全く異なり、目の前にいる人にどのような処置を施せば死なせずに済むのかが分かっている。なのにそれができないのです。私の中には怒りがこみ上げてきました。「こんなことを許していいはずがない」と。日本では治る病気なのに、ハイチではなぜ死ななければならないのか。私たち医師は何のためにいるのか。

しかし、これが発展途上国の現実でした。そんな悔しさと激しい怒りを感じながら、私はやりきれない思いで自分にできる限りの医療を提供し続けました。そして、ハイチに来て1カ月ほどが経ち、帰国が近づいてきた頃、生涯忘れられない風景を目にしたのです。

〝黒い何か〟の正体とは

その日は、首都ポルトープランスの約30キロ西にある都市・レオガンの「シグノ結核病院」に向かいました。平時であれば1時間ほどで到着する場所なのですが、地震の被害で道路が寸断されており、車もガタガタと大きく揺れてスピードが出せないため、片道だけで何時間もかかったことを覚えています。

現地に着くと、シグノ結核病院は大地震で倒壊したまま復旧されておらず、敷地に設営された粗末なテントの中で診療が行われていました。あたりは土埃がもうもうと舞っており、太陽は容赦なく照りつける。結核の診療をする場所としては考えられない環境です。テントの中に入ると、大勢の結核患者が横たわっており、その中で診療が行われています。どうやら胸の聴診のみで状態を推測し、投薬治療をしている様子でした。診察を待つ患者はうつろな目をして横たわるか、苦しそうな表情で切羽詰まった息遣いをしている人ばかり。重苦しい空気が漂っています。

ふと奥の方に目を向けると、ベッドの上に横たわる人がいたのですが、何か様子がおかしい。その人の上で黒い何かが波打っているのです。あれは何だろう……と近づいて、その正体を知った時、私はこれまで感じたことがないほどの恐怖を覚え、おもわず後ずさりしてしまいました。数えきれないほど大量のハエが患者の体を覆っていたのです。その患者は30代か40代と思われる男性で、意識はもうろうとしています。呼吸もすでに浅くなり、ハエを追い払う力も残っていないようでした。ハエはその人を埋め尽くすようにびっしりと群れ、何かのきっかけで一斉に動くので体全体が波を打っているように見えたのです。

現場の医療スタッフを振り返ると、彼もただ沈鬱な表情を浮かべ、首を横に振るだけ。この患者は結核が重症化してしまって肺が機能しておらず、陸にいながら溺れている状態なのです。医療スタッフの表情からも「手の施しようがない。何も言わないでほしい」という気持ちが読み取れました。少し心を落ち着かせる必要がある。そう思った時に私に声をかけてきた人がいました。海外における医療支援の大先輩、須藤昭子先生です。

ハイチのマザー・テレサ

「ハエは知っているんです。この人がもうすぐ亡くなるということを」。先生はこうつぶやきました。普段は人をとりこにするような柔和な微笑を絶やさない須藤先生なのですが、

レントゲン結果などを須藤昭子医師（左）と検討する

その時の表情は暗く、声も沈んでいたことを覚えています。

須藤先生は医師であり、カトリック・クリスト・ロア宣教修道女会のシスターでもあります。1976年、49歳の時にハイチに渡り、以来長きにわたって結核やハンセン病などの感染症対策に取り組んできた方で、その功績や人柄から「ハイチのマザー・テレサ」とも呼ばれています。先生は1927年生まれなので、私がハイチで初めてお会いした時は84歳。当時30歳になったばかりの私とは、祖母と孫といっていいほどの年齢差でした。

私自身はまだまだ不勉強だったため、先生のことは詳しく知らず、ハイチには長く支援を続けている日本人の先生がいる……というくらいのことしか分かっていません。その時、私は思わず本音を漏らしたようで、無数のハエに埋め尽くされた男性患者のことについて「ここがもし日本なら、点滴の1本もできるはずなのに、医療者として悔しいですね」とつぶやいたそうです。そのひと言は須藤先生の胸に深く刺さったらしく、後にFutureCodeが行ったインタビューで、先生は私の言葉を振り返り、「結核患者が亡くなる光景に慣れてしまって、私は結局、この患者を楽にしてあげることすらできていないと、言葉にできない無力感に襲われた」と語っています。ハイチの患者やその家族に長年寄り添ってきた須藤先生自身も「何かを変えないといけない」と考えていたようです。

それからハイチの現状について話を聞き、先生にお礼を述べてポルトープランスに戻りました。短い時間でしたが、須藤先生と私が地球の裏側のハイチで同じ光景を見たところが「FutureCode」のスタートだったと今になって思います。


シグノ結核病院を訪問した後、数日間を慌ただしく過ごし、私は日本に帰りました。帰りの飛行機の中では、様々な思いが浮かびます。あの、ハエに埋め尽くされた男性はそのまま亡くなっていくのだろうか。およそ人間というものは死に方を選ぶことができない。しかし、こんな死は絶対にあってはならない。自分はあのテントで見た光景を一生忘れない……と改めて決意しました。

また、日本から遠く離れた国で過酷な現実に向き合い続けている日本人医師がいることにも胸を打たれました。そして「自分にも何かできないのか」という問いが浮かびます。ハイチには足りないものが山ほどある。薬も設備も人も技術も足りない。そしてそれらを調達するためのお金もない。解決方法を考えていく中で、「まずは人だ」と思い至りました。

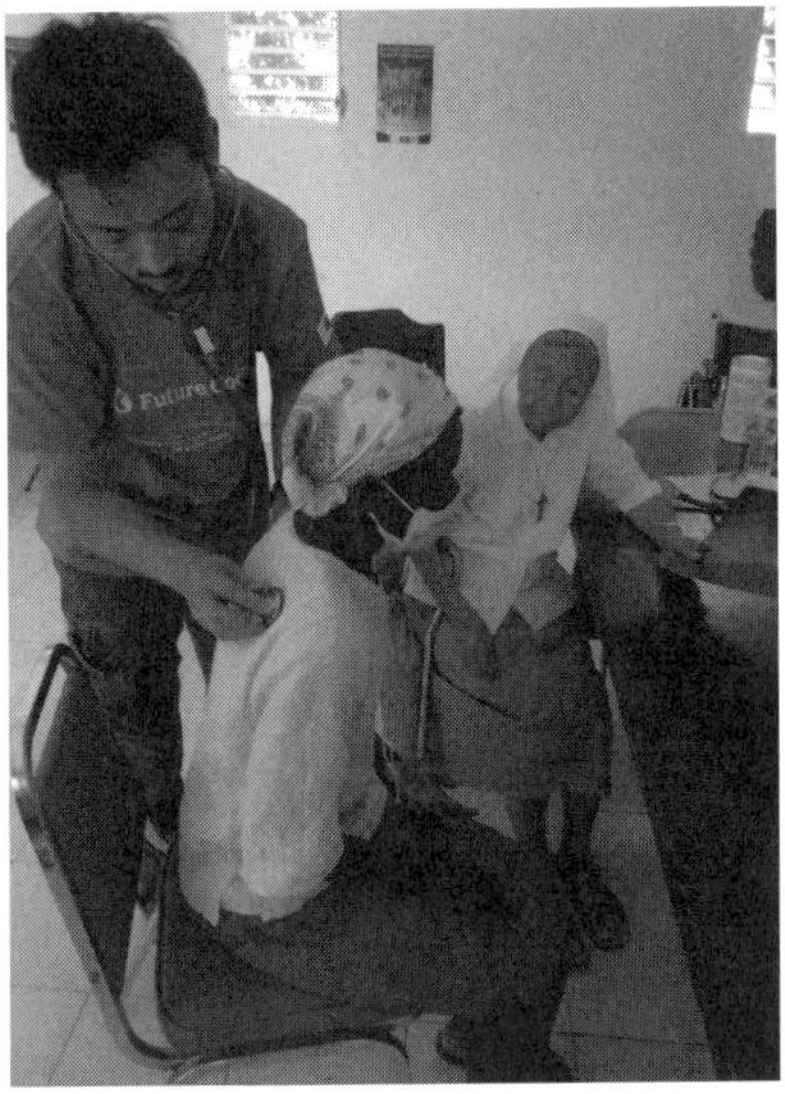
初の結核無料検診で診察する著者（左）。
右端が須藤昭子医師

先進国の中では珍しく、日本はいまだに結核のまん延国です。コロナ禍による感染症対策の普及でレベルが「低まん延国」に下がりましたが、それでも毎年一定数の感染者が出ています。つまり、結核と常に対峙している医師がいるということです。ならば、そうした医師のもとへハイチの医師を招き、知見を共有するための研修が提供できるのではないだろうか。そして知識と技術をハイチに持ち帰ってもらい、より良い治療を行う。こうした人たちが増えていけば、現地の環境は改善していき、取り組みも持続的なものになるのではないだろうか。その考えが浮かんだ瞬間、「できるだけ早く、もう一度ハイチへ行こう」と決めました。

そしてもう一つ、自分に足りないものにも気付かされました。公衆衛生の知識です。ハイチではコレラや結核の悲惨な現状を見ましたが、医療従事者としてそれに対処していくだけでなく、まん延を抑える工夫もしなければ根本的解決にはならない。そのためにも「公衆衛生について、きちんと学ぼう」ということを心に決めました。これは後に実現するのですが、まずはハイチの支援です。日本に帰国する飛行機の中で、私の心はすでに次のステップを組み立て始めていました。

Ｆｕｔｕｒｅ Ｃｏｄｅが産声を上げる

日本に戻ったのも束の間、私はすぐにハイチへＵターンしました。アイデアはまだ粗削りです。費用もどのくらい必要なのか分かりませんし、どこから調達するのかも白紙です。それでも、やると決めたらやる。レオガンのシグノ結核病院に向かい、須藤先生と再会して、私の考えを一気に伝えました。話を聞き終えた先生は、「とてもいい計画ですね。やりましょう」と全面的に賛成。日本とハイチを結ぶ絆が繋がったのです。

活動と生活の拠点である神戸市について話す著者

先生の快諾を得たら、すぐに日本へとんぼ返りし、組織の立ち上げに奔走しました。さすがに私1人の力だけでは、このプロジェクトは動かせません。協力者が必要です。もちろん、すでに活動している国際協力団体もありますが、私には自分がこの目で見たハイチの現状に即した活動をしたいという強い想いがあったので、新たに団体を立ち上げようと考えました。友人の医師や、東日本大震災の医療支援で知り合った人たちに呼びかけると、次々に賛同者が現れ、役割が決まり、2011年の5月に任意団体「Ｆｕｔｕｒｅ Ｃｏｄｅ」が誕生したのです。

Ｆｕｔｕｒｅ Ｃｏｄｅでは、ハイチ人医師を招聘する準備から始めました。同国の医療が自立するのを支援するための取り組みです。まずは研修プログラムを作ります。内容は、日本式の結核検診を学び、レントゲン画像の読み方も身につけてもらうというもの。ハイチの医師もレントゲン画像の読み方は学んでいるはずですが、貧困のためレントゲンを撮る患者が少ないと経験を積む機会がなくなり、スキルは錆びついていきます。それを磨き直す意味を持つ研修です。また、プログラムを作ると同時に、実践する場所を決めなくてはなりません。幸い、勤務先の兵庫医科大学と神戸市保健所が私の要請を受け入れてくれました。

そして、これらの取り組みを実現するには避けて通れない問題があります。〝お金〟です。まだ生まれたばかりのＦｕｔｕｒｅ Ｃｏｄｅには活動資金のストックなどありません。しかし、医師2人にコーディネーターを加えた3人分の渡航費と滞在費が必要。これを集めるためにインターネットで寄付を募ったところ、全国から約200人の方が取り組みに賛同し、207万円の資金が集まりました。本当に嬉しかった。少なくともこの200人は、ハイチの状況を「自分ごと」として捉えてくれているのだなと感激しました。このように、多くの人を巻き込み、その人たちの協力を得て、研修プログラムが完成しました。

1年をかけた準備が終わり、2012年6月、須藤先生が推薦したハイチ人医師が来日しました。グィー・ジャッセンさんとジェルタ・パスカルさんです。2人とも30代の若手で、やる気も十分。女性のパスカル医師は、須藤先生が所属する教会の孤児院で育ったため、幼い頃から須藤先生とは親しい間柄だと聞きました。ジャッセン医師はハイチ地震が起こる前から結核の診療にあたっていたということでした。

パスカル医師（中）、ジャッセン医師（右）と

研修は約3カ月間です。兵庫医科大学で講義を受講し、レントゲンの読み方も一から学びます。また、日本の保健所がどのような検診をしているのかを知ってもらおうと、現場での体験学習も取り入れました。

学びを深めていく2人の姿を見ながら、私は「ここからきっと何かが始まるだろう」という大きな希望を感じました。とりあえずスタートラインに立つことができた。ただし現実的な問題が一つ。まだまだお金が足りないのです。207万円の寄付はありましたが、3人分の滞在費をまかなうには届かず、そこは気合いで自分の貯金を解約。財布は空になったものの不足分はなんとか捻出でき、研修は無事に終えることができました。

3カ月の研修は実りをもたらしたようで、ジャッセン医師はその後ハイチに戻り、結核の診察・治療に日々取り組みつつ、Future Codeの活動にも積極的に協力してくれています。パスカル医師は、数年間私たちの活動に参加した後、知識と技術をさらに磨きたいと意志を固め、カナダに留学しました。

ケニアで直面したテロの恐怖

ハイチから帰国してFuture Codeの活動を開始した私でしたが、この期間ずっと日本にいた訳ではありません。Future Codeを立ち上げて少し経った頃、JICAが行っているポリオのプログラムに参加する機会があり、2011年の秋にケニ

ダダーブ難民キャンプで

アへ発ったのです。

ポリオは脊髄性小児麻痺とも呼ばれ、ポリオウイルスに感染することで引き起こされる病気です。発症すると、一部の患者には手足の筋肉の麻痺が生じ、時に呼吸の障害を伴うこともあります。後遺症が残る可能性もあり、死に至るケースも。この病気はワクチンで対策できるため、WHOが各国と協力しつつ根絶に向けた活動を続けてきました。2020年には、「アフリカにおける野生株のポリオは根絶された」という宣言が出されています。こうした運動を牽引してきたのが国際ロータリー（RI）で、このプログラムの資金もRIが拠出していました。

ある日、ケニアとソマリアの国境にあったダダーブ難民キャンプのそばのまちに視察に行った時のことです。その頃、ケニアは国内情勢が不安定で、テロや外国人殺害事件なども起きていました。こうした状況下では、医療支援に来ているという事実も安心材料にはなりません。覚悟はしていたものの、滞在中は内戦やテロがもたらす恐怖を間近に感じる日々を過ごすことになりました。ある日はホテルの近くでテロが発生し、街中が騒然とした空気に。しかし日本人の私たちには何の情報も入って来ません。「武装勢力がこのホテルに来たら終わりだ」という不安で、一睡もできませんでした。翌日、私たちにも撤収の指示が出て、ホテルを後にしていた時、テロ組織に報復攻撃をかけるというケニア軍の戦車が猛然と走り去っていきました。日本では想像もつかない光景です。

そうした状況の中、私の心の中には「もっと世界のことを知ろう」という気持ちも渦巻いていました。学生時代には色々な国を旅した。ハイチでは医療支援にも関わった。しかし、自分が知っているのはまだ世界の一部でしかない。もっと様々な国のことを学んでいけば、その国や地域に即した医療支援が提供できるようになるのではないか。ケニアでの活動を終えた後、日本に戻り、あの不穏な夜を思い出しながらそんな思いを巡らせていました。

そして、私の思いは不本意なかたちで実現することになります。ケニアから帰国してすぐ、トルコで大地震が発生したというニュースが飛び込んできたのです。2011年10月23日に発生した「トルコ東部地震」です。発災直後、私はトルコに向かいました。

トルコでの出会いと別れ

トルコは日本と同様、地震が頻繁に起こる国です。私が医療支援に向かった2011年のトルコ東部地震の後、2023年2月にも「トルコ・シリア地震」が発生し、両国で約6万人の人が犠牲になっています。トルコでは不法建築が横行していたため被害が拡大、シリアは内戦下での被災と、多くの罪のない人々が命を落としているのです。私はこの時日本を離れられなかったのですが、現地では各国の医療支援チームが昼夜を問わず必死の活動をしていたことでしょう。テレビ画面に映し出されるトルコの惨状を胸が締め付けられる思いで見ながら、2011年のことを思い出しました。中でも、被災地で出会った2人の人物のことは今でも心に刻んでいます。

トルコ東部地震が発生した翌日、ケニアから帰国したばかりの私は兵庫医科大学病院の仕事で、地方検診を行っている最中でした。そこへＡＭＤＡから緊急連絡が入り「医療支援チームのリーダーとして今夜、トルコに飛んでほしい」と依頼を受けたのです。二つ返事で了承し、すぐに準備を整えてトルコに出発しました。

現地に着いたら日本の本部と連携を取りつつ即座に被災者の診療に入ります。到着してから数日間は、次々と運び込まれてくる負傷者の治療に休む間もなく対応しました。この時期のトルコ東部はとても寒く、夜は吹雪になります。しかしいつ大きな余震がくるかも分からないので、建物の中で宿泊するのは危険。私たち医療支援チームはしばらくテント生活を送りました。寒いけれども、ぜいたくは言えません。屋外に避難した被災者の多くはテントを持たず、テントの配給には連日長い行列ができていました。

とはいえ、このような生活を続けていたら医療支援チームの健康に問題が生じ、活動に支障をきたします。東日本大震災でも経験済みです。私は医療チームのリーダーとして、少しでも落ち着いて休める場所を探しました。60キロ以上離れた場所に営業を続けているホテルを見つけましたが、すでに満室。そこからさらに離れた場所に大学の学生寮があり、交渉したところ一室を使わせてもらえることになりました。問題は距離です。学生寮と支援地を結ぶ〝足〟が必要になります。大急ぎでドライバーを手配しました。

現れたのは50歳くらいのクルド人男性。協力団体からは「現地出身の信頼できる人」だと推薦されましたが、それ以上の情報は何もありません。がっしりした体つきで、ひげをたくわえ、その眼差しには誠実な人柄がにじみ出ていました。頼りになりそうだと判断し、雇用することに決定。彼の息子が地震で行方不明になっていたことは後で知らされました。

ドライバーの拘束時間は日の出から日没まで。我々医療チームはフル稼働状態で怪我人の治療にあたり、チームが移動する時に彼は黙々と、かつ安全に私たちを運んでくれました。しかしある日、唐突に「今日は早く帰りたい」と言い出したのです。何かあったのかと通訳に尋ねると、通訳は沈痛な表情を浮かべながら「つい先ほど、彼の息子の遺体が発見されたのです」と教えてくれました。

その言葉を聞き、私は絶句してしまいました。彼がどれほど深い悲しみの中にあるのかは、その表情を見れば分かります。必死に耐えている彼に、かける言葉も見つかりません。通訳を通して「分かりました。明日からは家族とともに息子さんの冥福を祈ってください」とだけ伝えてもらい、その日はいつもより早めに宿泊所である学生寮に戻りました。そして、私たちを降ろした後、息子の遺体が待つ自宅へと走り去っていく彼の車を見送ったのです。

ドライバーと別れた後、私たちには大きな問題が残されました。支援地への移動です。徒歩では無理な距離なので、新しいドライバーを手配しないといけません。しかし急なことでもあり、見つかるかどうかは運次第です。見つからない場合は、支援地への片道だけでもいいから連れて行ってもらい、明日からはまたテント生活に戻ろう。それが今できる最善の選択だと結論し、翌朝はドライバーの手配から始めることを決めました。

しかし、翌朝になると、学生寮にはクルド人の彼がいつも通りの時刻に我々を迎えにきたのです。私は予想外のことに戸惑いながら「無理をすることはない、休むべきだ」と伝えましたが、彼は頑として受け付けず、黙って運転席に戻っていきました。そしてこれまで通り、私たちを乗せた車のハンドルを握り続けたのです。

ドライバーの仕事は、正確で安全な送迎と至ってシンプルですが、これがなかったら被災地における医療の提供も困難になります。彼のおかげで、我々のチームは円滑に活動を継続することができました。最終日の活動を終えた後、チームの1人が彼に「あなたと家族が大変だった時に、仕事をやり抜いてくれた。本当にありがとう」と伝えると、無口な彼はただ黙って、静かに涙を流していました。

大切な息子を失った彼にとって、医療チームをドライバーとして支え、被災者の命が1つでも多く守られることが、唯一の救いだったのかもしれません。悲しみに耐えながら最後まで私たちを支えてくれた彼には、ここで改めて「ありがとう」と伝えておきたい。そして、災害が報道される際に伝えられる「犠牲者何人」という数字の先には、このように亡くなった人たちとその家族、一人ひとりの人生があることを思う想像力も忘れてはならないと思うのです。

もう1人、トルコで出会った忘れられない人がいます。宮崎淳さんです。

宮崎さんは難民への支援活動を行う国際NGOから派遣され、支援物資を被災者に届ける活動に取り組んでいました。私たち医療支援チームの方が先に現地入りしていたのでこちらから現地の情報を提供し、宿泊場所の学生寮にも迎え入れて、活動中も色々な話をしました。

トルコへの派遣は、宮崎さんにとって初めての海外現場だったそうで、「ずっと希望していた海外の支援現場にやっと出ることができた。世界中で困っている人たちのために貢献していきたい」と熱く語っていたことが思い出されます。その表情は優しさと謙虚さに溢れており、活動内容は異なるものの、志は私たちと同じでした。

しばらくして、宮崎さんから「ホテルが見つかりました。これ以上ご迷惑をかけられないので、私はホテルに移動します」という申し出があったので、どこに行くのか尋ねると、私が最初に見つけて満室だと断られたホテルだということが分かりました。それは運が良かったと喜び合い、「日本に戻ったらぜひお会いして、一緒に飲みましょう」と約束を交わして、学生寮から出ていく宮崎さんを見送りました。その後、私たちは予定していた活動を終え、先に帰国したのですが、それから少し経った11月のある日、突然の訃報が届いたのです。

宮崎さんは学生寮を出てホテルを滞在先にしたのですが、その建物が余震で倒壊し、下敷きになって亡くなられた、ということでした。私は訃報を聞き、しばらくその話がのみ込めませんでした。なぜ宮崎さんが死ななければならないのか。当時41歳で、これから世界中で困難を抱えた人たちに手を差し伸べる活動をしようとしていた宮崎さんがなぜ？あまりにも不条理です。日本での再会も、永遠に叶わぬ約束になってしまいました。

当時、宮崎さんの死はメディアでも大きく取り上げられました。あれから十数年、今では宮崎さんのことを記憶している人も少なくなっているかもしれません。しかし、トルコの人たちは宮崎さんの死後も感謝の気持ちを示し、病院や公園に「ミヤザキ」の名を冠して、その功績をたたえています。また、2012年4月には、日本のアマチュア天文家が自ら発見した小惑星に「Atsushimiyazaki」と命名しています。2023年にトルコ・シリア地震が発生した際には、出身地である大分市の小学校で、「世界から紛争をなくしたい」という宮崎さんの思想・活動を学ぶ授業が実施されたと聞きました。私も、宮崎さんの笑顔は絶対に忘れません。その思想や夢は、自分の中でも受け継がれ、確実に生きているのです。

ハイチで絶対に実現したかったこと

トルコから日本に帰った私には、大量の宿題が待っていました。中でもすぐに取りかからなければならなかったのが、ハイチへの支援活動です。

前述の通り、2012年はハイチ人医師の研修やFuture Codeの立ち上げに奔走し、ジャッセン医師とパスカル医師の研修を実現しました。その後2人は一旦ハイチに戻ったのですが、後を追うように私もハイチへ飛び、両医師と再会。再建中のシグノ結核病院を訪問し、須藤先生と5時間以上も話し合いました。内容は主に、結核の無料検診についてです。

ハイチでは国民の多くが貧困に苦しんでいるため、有料の検診が受けられず、結核の早期発見・治療が困難な状況です。無料検診を実施できれば、この問題をクリアできる。これについて須藤先生は「30年前からの私の夢だった」と語られました。そして、この時には私も同じ夢を見ていたのです。

しかし、無料検診を実現するには多くのハードルがあります。最も頭が痛いのが〝設備〟です。結核検診にはレントゲン機器が必要ですが、簡単な仕組みのものでも２００万円は必要。高いものでは数千万円になります。さらに日本から送るとなると輸送費がかかり、加えてコンテナの賃貸料も数十万円加算されるのです。やはりここでもお金の問題にぶち当たる。Ｆｕｔｕｒｅ Ｃｏｄｅの資金も私の貯金も底を突いており、どう捻出するかが悩みの種でした。そうした中、新聞に載っていたある記事が私の目に留まりました。国連平和維持活動（ＰＫＯ）でハイチに派遣されていた日本の自衛隊が、２０１３年３月で任務を終え、現地から撤収するという内容で、記事には自衛隊が持ち込んだ土木工事用の重機はハイチ政府に譲渡される、とあります。それを読んだ私は、「これだ！」とひらめきました。

ハイチに派遣された自衛隊が、隊員の健康管理のためにレントゲン機器を持ち込んでいることは知っていました。それをそのままハイチで活用できれば目下の課題は解決します。

私たちはすぐに日本政府に要望書を提出し、働きかけを行いました。

しかし政府からの回答は「できればそうしたいが、レントゲン機器を置いてくることが法律上許されるかどうか、検討や調整に時間がかかる。正直言って厳しい」というものだったのです。医療機器とはいえ、自衛隊の予算で調達した品なので、元をたどれば税金です。それを無償で譲渡するとなったら色々問題が出てくるのでしょう。重機とは扱いが違うのかもしれません。


それでも私たちは諦めきれず、色々と知恵を絞りました。須藤先生と相談し、現地のシグノ結核病院から要望書を、そして私は日本からＮＰＯとして要望書を書き、外務省（現地大使館）に提出したりもしました。しかしこれといった手応えはなく、行き詰まりかけていた頃、思いがけない朗報が飛び込んできました。日本政府が自衛隊のレントゲン機器をハイチ政府に譲渡し、それがシグノ結核病院に設置されることになったというのです。私たちは飛び上がるほど喜びました。

この決定が下された経緯は分かりません。私たちの要望を受け、限られた時間の中、法にのっとったかたちでハイチ支援に力を貸すという粋な計らいができる人が政府にいたのかもしれませんし、単なる偶然なのかもしれません。いや、そうした人がいなければ、実現できることはなかったと感じています。一つ一つの出来事がつながった結果かもしれません。いずれにしても、私たちにできることはレントゲン機器を最大限活用し、結核の恐怖からハイチの人々を1人でも多く救うこと、これに尽きます。ちなみに、私がこのニュースを知ったのは2012年12月25日。忘れられない最高のクリスマスプレゼントになりました。

喜んでばかりはいられません。レントゲン機器が入手できたら、次は設置環境を整えないといけない。私は年が明けて間もなくハイチに飛びました。レントゲン撮影した画像を素早く現像する自動現像機、さらに水や電気も確保しなくてはならない。この時、私は少し焦りを感じていました。高齢になった須藤先生は、所属する教会の指示で2013年8月に引退し、日本へ帰国することになっていたのです。残すところ数カ月、それまでに何としても結核無料検診を実現させたい。これは私の個人的な気持ちなのですが、とても大事なことに思えていました。急ピッチで環境を整え、2013年2月に稼働できる状態まで到達。テスト運転を兼ねた記念すべき一枚目は、もちろん須藤先生です。画像を現像して、無事に撮影できていることが分かると現場は歓喜に沸きました。機器の動作はもちろん、須藤先生の健康も「異常なし」です。

初の無料結核検診を実現

レントゲンの撮影ができるようになったシグノ結核病院で、6月に初めての無料結核検診を実施しました。現場には須藤先生をはじめ、日本で研修を受けたジャッセン医師、パスカル医師も参加して、いざスタートです。1人目が正常で無事パスし、2人目の患者のレントゲン画像を見たとき、私は思わず息をのみました。この患者は人生で初めてレントゲンを撮ったらしいのですが、結核が進行して両方の肺がボロボロに傷ついていたのです。大急ぎで追加の検査を指示し、入院治療が必要であることを伝え、再建中のシグノ結核病院に入院させました。あれほどの病状の画像は日本では一度も見たことがありません。いきなりのことだったので、大きな衝撃でした。

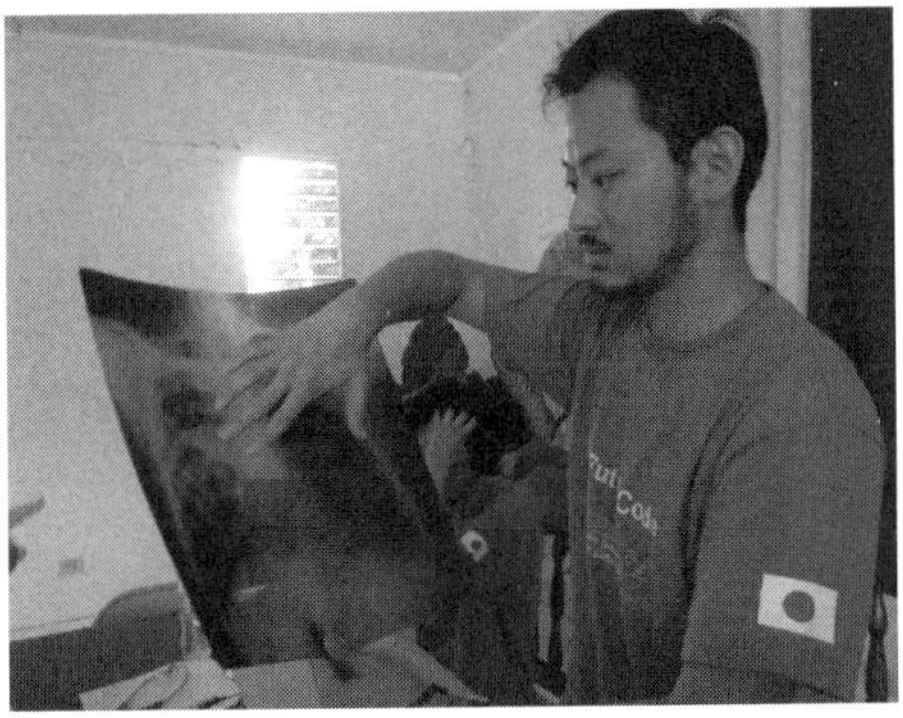

初の無料結核検診でレントゲン画像を検討する

この無料結核検診は1週間以上続き、延べ225

人を撮影した中で34人、約15%の人に結核の疑い及び異常所見を認めました。以降はシグノ結核病院で経過をみていくことになります。こうした早期発見ができたことは大きな収穫です。同時に、私たちにとって嬉しかったのは、レントゲン所見が正常だったことを伝えると、多くの方が「ありがとう！」と満面の笑顔を見せてくれたことでした。須藤先生も30年にわたる思いがこみ上げてきたのか、ホッとした表情を浮かべていたのが印象に残っています。

そして2013年7月、シグノ結核病院は日本の援助によって再建され、入院患者の受け入れを正式に開始したのです。

ここまでで書き漏れていたことが二つあります。まず、2012年6月にFuture Codeを特定非営利活動法人（NPO）にしました。これはFuture Codeの活動が拡大していく中、資金を集めるための口座が団体名義で作れることなどに魅力を感じたからです。一般論ですが、個人名義だとどうしても信頼感に欠けてしまいます。善意のお金を安心して振り込んでいただくための工夫です。

そしてもう一つ。ジャッセン医師、パスカル医師が日本での研修を終えて帰国した直後、2012年8月に私は兵庫医科大学を退職しました。前述した「公衆衛生」について本格

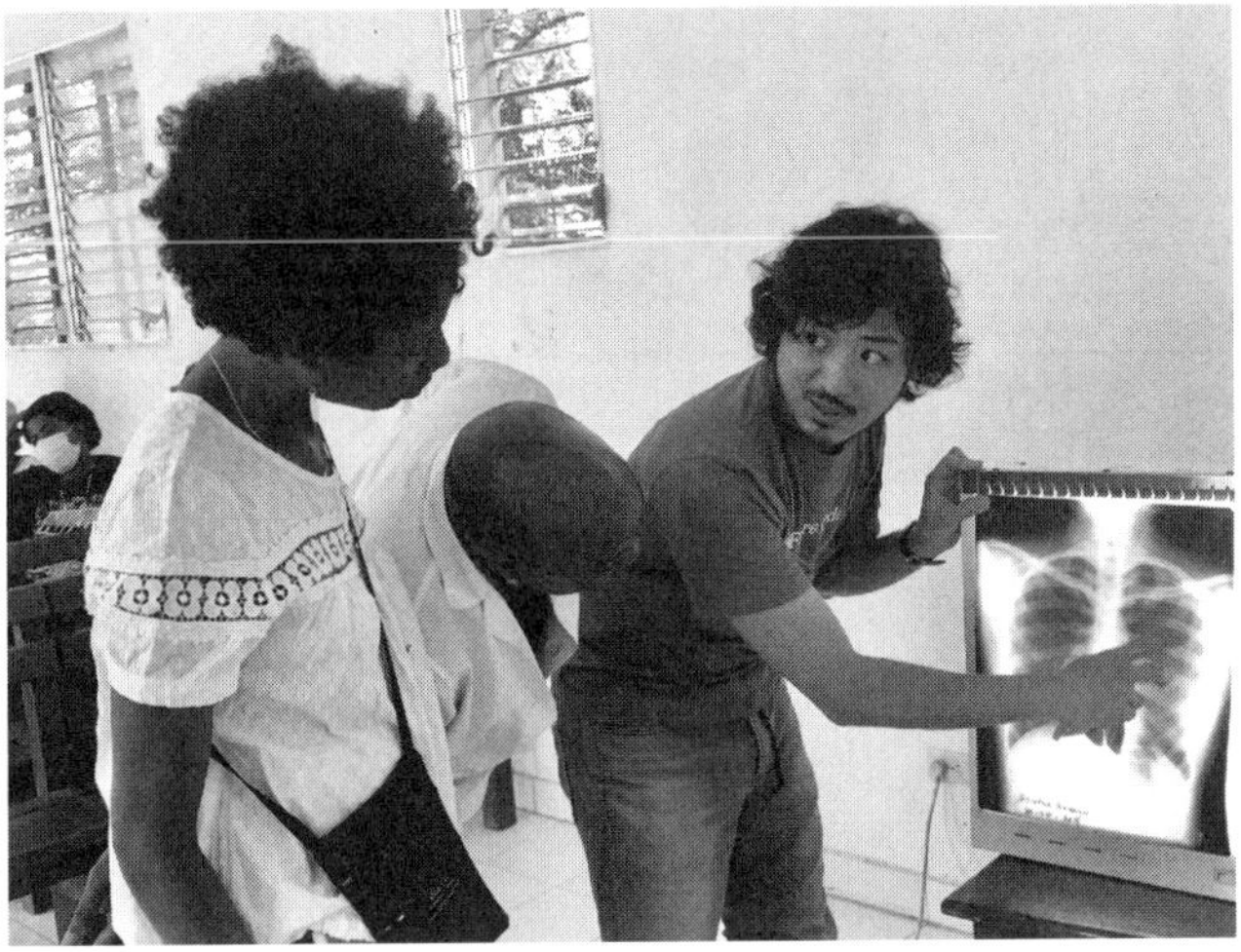

無料検診を受けた人にレントゲン結果の説明をする著者（右）と、ジャッセン医師（中）

的に学ぼうと決意したからです。そのためには大学院に行き、グローバルで通用する正しい知識を身につける必要がある。医大での勤務と海外での医療支援を両立させ、さらに受験勉強までやるのはさすがに無理なので、退職という道を選びました。もちろん収入は必要なので、ここからはフリーランスの医師としてクリニックでの診療などを行ない、アルバイト収入で食いつないでいきます。当然、浪人している余裕などないので受験勉強は背水の陣です。ハイチの支援も気が抜けません。猛烈に忙しいのに財布は軽い、という状態がしばらく続くことになります。それでも私の足は前へ前へと進み続けるのでした。

第4章 再びスタートラインへ

なぜ「公衆衛生」なのか

東日本大震災の後、私はハイチ、ケニア、トルコと各国を訪れ、現地の人たちが求めているものに応えていくには医学の知識だけでは足りない、という結論に至りました。そこで学ぼうと思ったのが「公衆衛生」です。

公衆衛生は、簡単に説明すると、地域社会などの集団において人々が生命や健康を脅かされないためにはどうすればいいか、ということを考える分野です。コロナ禍で、感染拡大防止のキーワードとしてたびたび登場したことを思い出す方も多いことでしょう。身近なところでいうと、水道や下水（トイレ）、食品や食事、ゴミの取り扱いといったものも公衆衛生の対象範囲となります。それらの管理をおろそかにすると、そのコミュニティは感染症などのリスクにさらされ、生命や健康を脅かされるからです。もっと分かりやすい例を挙げるなら、東日本大震災における南三陸町での医療支援で、医師たちがトイレ掃除をしたということを語りましたが、この活動は医療というより公衆衛生の観点からとったものだといえます。

医学では基本的に、医師が目の前にいる患者と1対1で対応し、その人が死なないよう、長生きできるよう、あるいは快適に生活できるように考えて医療行為を提供します。それに対して公衆衛生は、対象となるコミュニティにおいて、そこに属する人々が病気にならないように、長生きできるようにと考えて、それを脅かすものがあれば排除する方法を考えます。ここでいう〝コミュニティ〟は、数十人の集落から国家まで、規模は様々です。

そして、この医学と公衆衛生がタッグを組めば、災害や疫病の際の支援活動はより強力になり得ます。ハイチでの活動で、私はそうした現実をいやというほど思い知らされました。今、自分が持っているスキルを全て投入しても、結核やコレラなど目の前で起きている問題には太刀打ちできない。新しいスキルを身につけるために、自分は再スタートを切るべきタイミングにあるのかもしれない、そんなことを感じていたのです。

また、NPO法人化したFuture Codeのこともありました。これからは組織をもっと成長させていかなければならない。その代表として、自分もステップアップする必要がある。公衆衛生の専門的な知識を持つことで、海外での信用度も高まり、活動範囲を世界中に広げていけるはず。そのための再出発です。

学びのステージを絞る

公衆衛生を学べる大学は、数は限られていますが、国内外に存在します。私の場合はグローバルな活動が前提なので、海外で学ぶことに決めていました。アメリカ、イギリス両国の大学院に公衆衛生を学ぶ課程があります。中でもよく知られているのは、イギリスのロンドン大、リバプール大、リーズ大、アメリカのハーバード大、ジョンズ・ホプキンズ大です。

まず、イギリスにするか、アメリカにするかの選択ですが、私はまだこの分野に明るくなかったため、業界の先輩たちにアドバイスをいただきました。話を聞くと、アメリカは開放的ともいえる空気感の中で学ぶが、それに対してイギリスは学問を学問として学ぶような感じだ、といったような意見でした。やはりお国柄というのはあるのだなと感じたことを覚えています。

選択の決め手となったのは学びに要する期間でした。イギリスの大学院は、頑張れば1年で卒業できます。しかしアメリカの場合は規定通りの2年が必要でした。少しでも早く現場に戻りたい私にとって1年間の差は大きい。それに、勝負が早く決まる方が私に合っています。こうした条件が揃えば迷う必要はありません。私はイギリスを選択しました。

残るカードは3枚。ロンドン大、リバプール大、リーズ大のいずれかなのですが、イギリス留学をするにあたって最大の壁は〝英語力〟です。受験をするためには英語検定でかなり高いスコアを獲得しなければいけません。公衆衛生を学ぼうと考え始めた頃から独学で英語の勉強を進めてはいたのですが、語学は一足飛びに上達はしないものです。特にリスニングには苦労していました。目指すは2014年9月の入学。猛勉強の末、2013年にリーズ大の英語レベルを突破したものの、リバプール大にはあと一歩届かず「規定のスコアに到達したら合格」という条件付き合格をもらった状態でした。「入学までに検定を受けるチャンスはまだある。その中でなんとかしよう」。そう思っていたのですが、やむを得ない状況でそれも断念しました。奨学金の問題です。

前述の通り、私の貯金は底を突いていました。その上、仕事も退職し、日々の食費にも事欠く有り様です。そんな状態でよくまあ留学しようなどと考えたものだと自分でもあきれますが、留学の資金だけは事前に考えていました。ロータリークラブの「グローバル補助金」という制度です。

兵庫医科大学を退職する前、知人に相談したところ、「私が所属するロータリークラブには奨学金制度がある。それを申請してみてはどうか」とアドバイスを受けました。その方を通じて知り合ったのが、兵庫県の「加古川平成ロータリークラブ」の会長を務めていた好﨑泰州さん。神社の宮司をされていた方です。悲しいことに、2022年10月に好﨑さんは急逝されました。私の背中を強く押してくれた恩人の1人です。

詳しく聞くと、ロータリークラブにはグローバル補助金という制度があり、海外の大学院への留学にも活用できるということでした。もちろん誰もが利用できる訳ではなく、「平和と紛争予防」「疾病予防と治療」「水と衛生」「母子の健康」「基本的教育と識字率向上」「経済と地域社会の発展」「環境の保護」のいずれかの分野を専攻することが条件だったのですが、私が目指す方向はこの全てに重なっていると言ってもいいくらいです。これしかない、とグローバル補助金の活用を前提に留学を考えていたところ、2014年9月の入学から逆算すると、申請時期はすでに目前。リバプール大に合格するために英語検定のスコアを上げている時間はありません。おのずと私の進路はリーズ大に決まり、すぐに補助金を申請。イギリスへ渡航する準備を始めたのです。

兵庫医科大学との別れ、恩師のこと

話は少し遡りますが、私が兵庫医科大学を退職する時、どうしても筋を通しておかなければならない人がいました。恩師の長谷川誠紀先生です。何事も、一度やると決めたらわき目も振らずに前進する私ですが、さすがに先生への報告は躊躇してしまいました。

長谷川先生は、私に呼吸器外科という道を示し、医師としてあるべき姿勢を教えてくださった方です。東日本大震災やハイチの医療支援に行った時にも、快く送り出してくれました。ハイチ人医師の研修を行った際も協力をいただいています。そして、それなりに期待をかけてくださっていることも感じていました。考えた末の決断だとはいえ、ここまでしていただいて、「辞めます」というのは恩師に対して不義理なのでは、と悩んだのです。

もちろん、先生の人柄から考えて、私を止めるようなことはしないだろうと分かっていました。私が迷うのは、何の恩返しもしないまま次のステップに向かおうとする自分を責めるような気持ちがあったからです。しかし、国際協力をライフワークとする、という目標はすでに決まっています。私は思い切って先生の部屋をノックしました。

長谷川先生に自分の決断を伝え、「退路を絶って海外の大学院で公衆衛生を学びます」と話すと、先生は「残念だ」とつぶやき、そして私の目をまっすぐに見て「ホンマにええのか」と問われました。短いひと言でしたが、その言葉に込められた意味は分かりました。大学病院を退職し、海外の大学院で別の分野を学び直すということは、通常のコース、つまり今まで呼吸器外科と救命救急の医師として進んできた道と、これから進むであろうと思われた道から外れることを意味します。先生は「同じ道にはもう戻れないぞ」と、私の決心の固さを確かめたかったのでしょう。また、先生は「大類は金持ちでもないのに、これからどうやって食べていくのか」とも言われました。この心配はごもっともです。私自身、答えを持っていなかったので、「不退転の覚悟です」と言うしかありませんでした。こうしたやりとりの最中、先生の顔にはいつもの柔和な笑顔が浮かぶことはなく、終始かたい表情のままだったことを覚えています。

それからしばらく経ってから聞いた話ですが、私が退職の意思を伝えたとき長谷川先生は「雲をつかむような大きな話だったが、私がいくら心配して忠告しても、大類はもう言うことを聞かないだろうと思った」とのことでした。やはり恩師。私の心はすっかり見透かされていたようです。

私が兵庫医科大学の医局に所属していたのは2年あまりの期間でした。国内外の医療支援で不在にすることも多かったのですが、執刀した手術の件数は桁外れに多かったと自負しています。手術室を出てそのまま次の手術室へ向かうことも多く、目まぐるしい日々を送っていましたが、そうした環境で医師としての自分が鍛えられたのは間違いありません。次の目標が決まっているとはいえ、いくつもの思い出がある場所を去るのは、やはりさびしいものです。

2年間、医局のスタッフたちとも色々な話をして過ごしていました。時に私は、海外での経験談を披露したりもしましたが、命の危機を感じた時のこともつとめて明るく語りました。そのため、医局では「大類先生はボランティア好き」という印象が定着していたようです。

一方で、長谷川先生には自分の夢や理想も打ち明けていました。例えばこんな調子です。「自分がゴールにしているのは、医療を通じて社会をよくすることです。病院を建てるとか、衛生状態をよくするとか、社会の風潮を変えるとか。そうすれば目の前の患者さんを救うだけでなく、もっと大きな話に行きつきます。そういうことに取り組もうと思えば、その国のトップとも話し合わないといけないし、国連の中枢にも関わらないといけない。そう考えているんです」。若者が大風呂敷を広げているように感じられるかもしれませんが、当時から私は本気だったし、今も変わっていません。そんな話を、長谷川先生は黙って聴いてくれていました。

ある日、医局でハイチに電話をしていた時、長谷川先生から「何語で話しているのか」と聞かれたことがあります。スペイン語だと答えると目を丸くし「いつ覚えたんだ」と。私は「必要にかられて覚えました」と答えましたが、先生はその頃から「大類はボランティアの域を超えつつある」と感じていたようです（※ハイチの言語はフランス語系のクレオール語ですが、ハイチ人研修で来たパスカル医師はキューバで医師免許を取っていたため、スペイン語が話せました。私はハイチ支援のため、当時ドミニカに滞在することが多く、スペイン語を覚えました。これを2人の共通言語にしていたのです）。

ちなみに、リーズ大への推薦状を書いてくださったのも長谷川先生でした。実をいうと、先生の手を煩わすのも申し訳ないので推薦状の文章は自分で書いて、サインだけいただこうという考えでお願いしたのですが、結局はご自身で英語の長文を書いてくださったのです。また、最近は「僕は最初、大類のことを単なるボランティア愛好家で、被災地の支援や慈善活動に熱心なやつだと思っていたが、彼は社会そのものを変えたいという目標を見定めて最短距離を一気に進もうとするゴール・オリエンテッドだということが後になって分かった」と話されていると聞きました。

私の理解者であり、応援者でもあった長谷川先生は、2023年12月に定年を迎え、大学を退官されました。しかし私にとっては、今も心の恩師なのです。

イギリスで公衆衛生を学ぶ

2014年の春、イギリスへ向かいました。正式に始まるのは9月からですが、住む場所の確保や、準備コースの受講などがあったので早めに現地入りしたのです。その頃私は33歳になっていました。

リーズは、イングランド北部にある人口約80万人の都市。私が通ったリーズ大は3万3000人ほどの学生を擁し、日本では「佳子さまの留学先」としても知られています。私が学んだ大学院、公衆衛生のコースでは、日本人は私だけで、仲良くなったのは別の学部に通っていたイラン系クルド人の学生でした。他にも、インド、ナイジェリア、台湾、カザフスタンなど様々な国から学生が集まっていて、この小さな〝人種のるつぼ〟が世界をより良くする人材を輩出していくのだと考えると、私も自ずと背筋が伸びる思いがしたものです。

大学院の課題は、様々な条件・設定の中で、具体的な企画・提案をつくるという〝実践型〟のものでした。例えば、「発展途上国における感染症対策のプログラム作成」という試験が出たとすると、私たち学生は、対象となる感染症がどういう理由でまん延してしまうのかといった分析から始め、それを改善するにはどういったプログラムが必要で、どのくらいの予算と期間がかかるのか、といったことを提案します。そこには妊産婦や慢性疾患を持つ患者、ジェンダーへの配慮などといった視点も盛り込まなければなりません。

そうした総合的な企画書を2週間程度で書き上げなければならないのですが、結果として私は「リーズ大を選んでよかった」と思いました。ハイチやケニアでの経験を経て私が痛感したのは、こうした実践型プログラムを身につけなければならないということだったからです。

このリーズ大で学んでいた1年間は、渡英前に「学問に集中する」と決めていたにも関わらず、結局は空いた時間を作ってはあちこち飛び回っていました。2014年の年末にはFuture Codeの活動で必要に駆られて日本に一旦帰国し、翌2015年は3月～4月にハイチへ飛び、そのすぐ後にはバングラデシュに向かいました。バングラデシュでは孤児院の医療支援やスラムでの母子診療、看護師の育成などに着手していたのですが、この詳細については後に紹介します。

ともあれ、大学院で学びながら団体の運営をして、各国の支援にも足を運ぶという生活をする中、私のバランス感覚も磨かれていきました。マルチに活動しながら、どれもおろそかにせず、それぞれの現場で結果を残すのは可能、という手応えを得たのです。もちろん、毎日猛烈に忙しいのは言うまでもありません。

それにしても、自分は恵まれていると思います。普通に働いていれば〝中堅〟の年齢にあたる33歳で、いちから勉強する機会をいただけたからです。その感謝の気持ちをお返しするためにも、公衆衛生をしっかり学んで、それを自分の力とし、世界中の人々のために役立てていかなくてはならない。自ずと勉強にも身が入ります。実際、公衆衛生を学んでいた時期はとても充実していました。各国の現場で見た風景や体験と、学問とを結び付けて考えることができ、自分が成長しているという実感も持つことができたからです。すぐに現場に入れないという不自由さからくるストレスはあったものの、リーズ大で過ごした時間はとても貴重だったと改めて思えます。

このように慌ただしい日々を過ごしていた私でしたが、大学院はそもそも2年のプログラムでしたが、それを1年で全単位を取得したので私の予定通りに終えることができ、国際公衆衛生学の修士（マスター）を取得しました。卒業論文のテーマは、「感染症に対して、どのようなスクリーニングをすれば効果があるか」というものです。この研究と知識は、後のコロナ禍で大いに役立つことになります。

そしてもう一つ、リーズ大で私が身につけたものとして「クリティカルシンキング」という思考方法があります。これは、与えられた情報を鵜呑みにすることなく、常に疑問を持ちながら理論的に考察し、答えを導くという方法です。とかく現代社会には間違った情報が溢れています。何が大切で、何が正しいのかを見極める必要がある。こうしたシーンでこのクリティカルシンキングが役立っています。常に思考しつつ行動し、取捨選択を繰り返して、どんな場面でも自分にとっての最適解を出せる。そういう人間が世界中で求められていますし、私もそうありたいと考えています。

ちなみに、リーズ大の卒業式には出席しませんでした。その頃にはすでにバングラデシュで活動をしていたからです。このバングラデシュでの動きについて解説する前に、伝えておきたい別の活動があります。序文で少しだけ触れたブルキナファソでのことです。何度も足を運んだ同国ですが、ここでの経験がその後の私にとって非常に大きな意味を持つことになったのです。

第5章 途上国支援で出会った「本当の人間らしさ」とは

アフリカの大地、サハラの南へ

２０１５年、私は初めてブルキナファソへ向かいました。まずは現地の様子を自分の目で見て、そこで何が求められており、それに対して何ができるのか考察するための調査訪問です。国際線を乗り継いで、同国の首都にあるワガドゥグ空港への着陸態勢に入ったのは夜。飛行機の小さな窓から見下ろした最初の印象は「暗い」でした。

飛行機が高度を下げ、空港が近づいてきても首都の灯りはまばらで、空の闇と地上の闇が境目なく繋がっています。もちろん欧米や日本の都市と比べるつもりはないのですが、タンザニアのダルエスサラームやケニアのナイロビと比較しても灯りが少ない。事前にブルキナファソのことを自分なりに調べていたので予備知識はあったものの、戸惑いを覚えました。都市の光の強さは、国の経済状況をそのまま反映しているのかもしれない……そんなことを漠然と考えたのを覚えています。

私がこの国を訪れたのは、ハイチで生まれた縁がきっかけでした。リーズ大学大学院を卒業した後、これまで関わってきたハイチやケニア、バングラデシュに加えて、他の国のことも知りたい、公衆衛生の学びをすぐにでも活かしたいと考えていたのですが、そんな矢先に「ブルキナファソで活動しませんか」という誘いをいただいたのです。

私に声をかけてくれたのは、国際協力機構（ＪＩＣＡ）の企画調査員であるＭさん。Ｍさんとはハイチで仲良くなり、その後も連絡を保ち続けていました。ハイチでの活動後、彼がブルキナファソに転勤したことは知っていたのですが、彼と同じようにハイチで親しくなった日本大使館の職員もブルキナファソに異動しているとのこと。私の中で、ハイチとブルキナファソを結ぶラインが繋がりました。そんな彼らから「来ないか」と呼ばれたら、返事は「ＹＥＳ」一択です。Ｍさんからは「何か支援をしてもらえないか」と打診されていたので、私から「マラリア対策がいいと思います」と提案。これで公衆衛生とブルキナファソを結ぶラインも繋がりました。どうやら、私にできることは山ほどありそうです。すぐに支度を整え、ブルキナファソに関する予備知識を仕入れた上で、「まずはどんな国か、この目で確かめよう」とブルキナファソに飛んだのです。

ブルキナファソという国の概要は冒頭序文で紹介した通りですが、日本と比較すると国土は約70％で、人口は約18％。つまり人口密度は４分の１くらいです。宗主国がフランスだったので公用語はフランス語。首都ワガドゥグへの直行便は、パリやベルギーのブリュッセルから出ており、ナイジェリアのアブジャやガーナのアクラ経由でも行くことができます。

最初の訪問は2週間。ワガドゥグにあるMさんの家に居候しながら、支援を勧められた「サポネ保健行政区」との間を往復することにしました。ワガドゥグは夜の灯りが少ないながらも、市の中心部はそれなりに建物や人の往来もあり、都市らしさを保っています。しかしまちを出ると一気に風景が変化。構造物はほとんど見えなくなり、広大なアフリカの大地がどこまでも果てしなく続くのです。そんな道を首都から南西に向かって1時間ほど走り、ようやくサポネ保健行政区に到着。中心地のサポネ市に大きな建物はなく、日本人の感覚からすると、どうしても村に見えてしまいます。

サポネ最大の商店街に足を運びましたが、赤い土の上に粗末な小屋が並んでいる、という風景でした。「これが本当に店?」と疑問に思いながら店舗をのぞくと、確かに品物は並んでおり、ここで暮らすためのモノはある程度揃えられそうです。しかし手に取ってみると「本当に商品?」と感じるようなものばかり。どれもこれも砂まみれで、触るとザラザラするのです。私も様々な国を見てきましたが、どうやらこの国は全く違った表情を持っているらしい。そんなことを感じながら商店街を眺め歩きました。電化製品などは皆無

隣家まで1キロ以上歩くのも珍しくない

で、首都まで行かなければ買うことはできません。果物を売っている店を1軒だけ見つけましたが売り物は乏しく、棚に何もなければ、その日は売るものがないということでした。

その後、近郊のサンビ村やクーベンタンガ村に足を延ばしてみて、初めてサポネが「市」である理由が理解できました。ブルキナファソでいう「村」は、日本とはスケールが違います。隣の家が1キロ以上離れているのは当たり前で、どこまでが村の範囲なのかも分かりません。私が住民への伝達や話し合いなどをしたいと伝えると、サポネでは粗末な小屋であっても何らかの建物が用意されるのですが、村の場合は大きな木の木陰が会合場所になる。こうした体験を経て、これまでの常識をリセットしようと心に決めました。

2週間のブルキナファソ滞在中、現地の暑さを肌で感じ、人々の話を聞き、その暮らしを見ました。家の中やトイレ環境、マラリア患者や診療の様子なども観察し、数えきれないほどの情報を収集しました。机の上では絶対に学ぶことができない貴重な情報です。そして、私の知識や経験と、ここで得た情報とが混ざり合って、どのように行動するべきかという最適解を導き出していきます。調査訪問を終えて、ワガドゥグ空港を後にする時、すでに私の頭の中はやりたいことでいっぱいになっていました。そして飛行機の中、眼下に遠ざかっていくブルキナファソを見ながら「すぐに戻って来よう」と心に決めていたのです。

マラリアのまん延に立ち向かう

この調査訪問の後、私はブルキナファソに何度も足を運び、マラリア対策を中心とした活動を続けることになります。そうした動きの中、現地で私を支えてくれた人がいます。サポネで知り合ったジン・クリストフ・ロアンバさんです。彼とはすぐに打ち解けて、

マラリア予防のため蚊帳の配布や指導で1軒ずつ巡回する

「ハヤト」「クリストフ」と呼び合う仲になりました。

クリストフとの出会いをとりもってくれたのは、Mさんと、JICA海外協力隊を卒業しても現地に残って活動していた女性です（後にFuture Codeのスタッフになっています）。2人から「現地NGO『ビ・ソンゴ』の代表を務めるクリストフさんです」と彼を紹介してもらいました。ビ・ソンゴは現地モシ族の言葉で「良い子ども」といった意味があり、その名の通り幼児院のような施設を運営しているとのこと。宿泊施設も手掛けていると聞いたので、後で見せてもらいましたが、この施設もかなり粗末なものでした。首都ワガドゥグで外国人や政府関係者が住む住宅には、水道も水洗トイレも冷房もあります。しかし、サポネにあるクリストフの家には上水道も下水道もありません。水は毎日、井戸がある場所まで行って汲んできます。自宅に電気は通っていてテレビはありましたが、冷房はなく、当然インターネットも使えません。サポネではメールもＳＮＳも無用の長物だと私は割り切ることにしました。

　ともあれ、ここで出会ったクリストフと、ビ・ソンゴのメンバーたちには、様々な面で助けられました。現地で分からないことを教えてもらい、活動の支援も受けました。そしてその後、ビ・ソンゴはＦｕｔｕｒｅ Ｃｏｄｅにとって欠かせないパートナーとなっていくのです。

　ブルキナファソを再び訪れ、本格的な活動を開始した私は、すぐに「マラリア対策」に取り組みました。マラリアは、「ハマダラカ」が媒介するマラリア原虫による感染症。今の日本では感染する恐れはありませんが、世界では２０２２年時点で約2億5千万人が感染し、発熱、悪寒、全身の痛み、頭痛、嘔吐、下痢などの症状に苦しめられ、重症化すると死に至る場合もあります。亡くなる人の数は年間60万を超え、中でも犠牲になりやすいのが5歳以下の子どもたちです。マラリアによる死亡者は、重症化しやすい熱帯型のマラリアが流行するサハラ砂漠以南の西アフリカに集中しており、ブルキナファソも高いまん延国に位置付けられています。

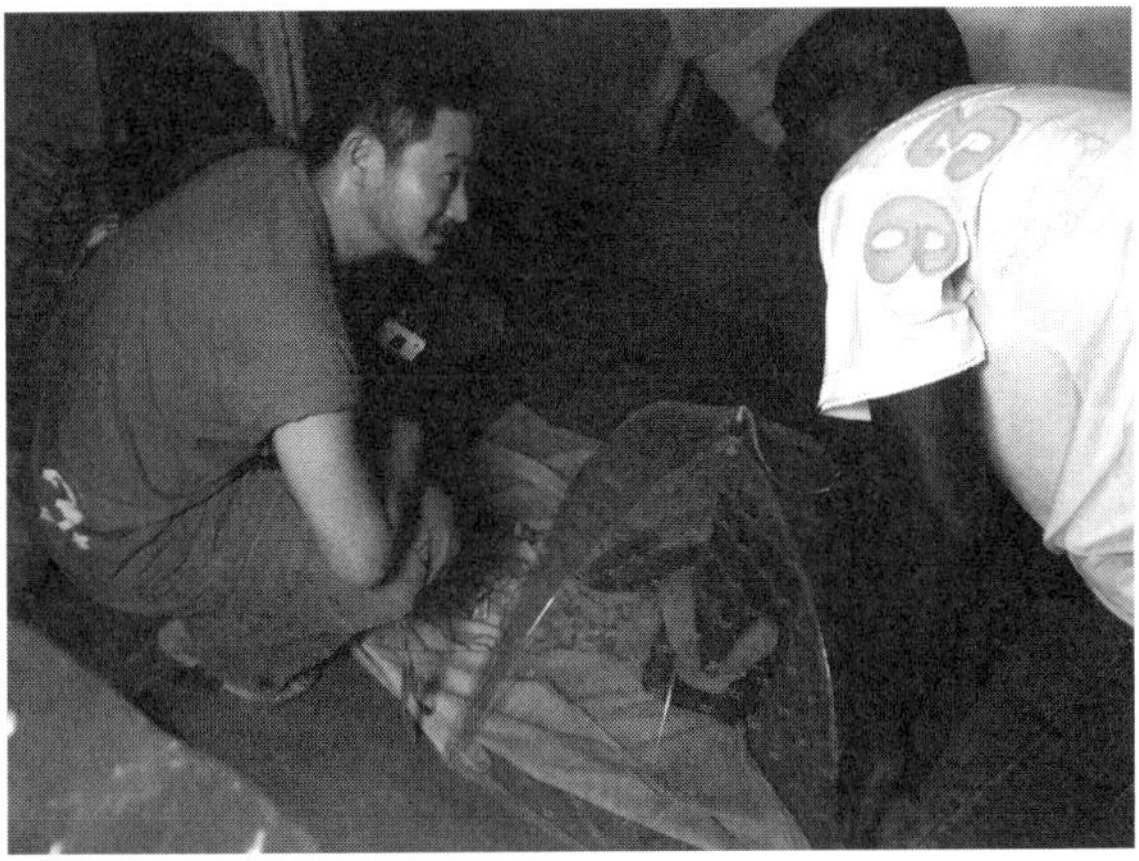

食卓用防虫ネットで蚊帳の効果を説明

私が訪れたサポネ保健行政区はマラリアの年間発症率が非常に高く、さらに水の汚染と衛生の悪さからくる下痢疾患で、毎年多くの子どもが亡くなっています。まずはこの二つ、マラリアと下痢疾患を減らし、命を落とす子どもを1人でも減らそうと決意しました。

マラリア対策で大切なのは、ハマダラカに刺されないこと。従って「蚊帳《かや》」の普及が有効です。今の日本では過去の遺物となっており、「この時代にそんな方法で?」と疑問に思う方がいるかもしれませんが、蚊帳によってマラリアの感染者は大きく減らせます。ユニセフもマラリア対策として殺虫剤処理を施した特殊な蚊帳「ＩＴＮｓ」の世界的な使用が不可欠と発表しており、私たちも普及活動の輪に加わることにしました。

まず現状分析をしてみたところ、政府から蚊帳の配布が行われた後に、住民がそれをうまく使えていないのが問題だということが判明。その対策として、私たちは家を1軒ずつ訪問して住民の知識向上をあわせて行うプログラムを作成し、それを実行しました。訪問時には張り方の指導もします。ブルキナファソは民族によって家の形が異なり、例えばモシ族は四角形、プル族は円形です。それぞれの家の形に合わせて張り方を教えていく。しかし1軒でも多く普及させたいので時間も限られる。地域によっては1キロ四方に1軒しか家がないという場合もある。猛烈な暑さの中、蚊帳の普及活動は文字通り体力勝負でした。

また、活動は地域を一巡したら終わりではありません。きちんと使っていないところがあれば再度蚊帳の効果を説明して、是が非でも使ってくださいと説いて回ります。また、殺虫成分に耐性を持ったハマダラカも現れるので、それに対抗した新しい蚊帳が登場します。その場合は配布した蚊帳を新しいものに更新していく。まさにいたちごっこなのですが、諦めたらそれまでの努力も無駄になるので、私たちも必死です。このいつ果てるとも知れない取り組みを続けていった結果、蚊帳の普及率はアフリカ全土で50％程度とされているのに対し、私たちが活動する地域では当初の56%から89%までポイントが上昇しました。

「水」の問題をなくせ

こうした蚊帳の普及活動とは別に、忘れてはならないマラリア対策があります。「水」に関する問題です。

蚊の幼虫であるボウフラは水の中で育つため、その生育環境をなくしていきます。家屋の近くにある水たまりを埋め、生活に必要な水をためている場所や容器には必ずフタをして産卵を防ぐ。これらを住民にコツコツと説明を繰り返し、実践して見せて、徹底して促していきます。蚊帳の普及と同様、アナログで根気のいる活動ですが、確実に効果が出せる対策です。

ところで、こうした〝生活に必要な水〟をサポネの人々はどのように調達しているのかというと、すべて井戸水です。サポネ保健行政区には上下水道がないので、それぞれの地域に共有財産としてある井戸が頼りになります。文字通り〝地域の宝〟です。それを示すエピソードがあります。

ある集落で、三つの家族に「ここに住んでいて一番苦しいことは何か」「一番幸せなことは何か」という質問をしました。どの家族も、そんなことを聞かれたのは初めてだったのか、なぜ聞くのかと不思議そうにしながらも、慎重に考えて答えてくれました。その回答は、どの家族も全く同じだったのです。最初の質問に対しては「きれいな水の井戸が集落に一つしかないこと」。二つ目の質問への答えは「きれいな水の井戸が一つあること」でした。その集落に住む人たちも、安全な水を手に入れるために大変な苦労をしていたのですが、より厳しい環境の集落があることを知っているのでしょう。日本の水道環境に慣れて育った私たちには、理解することも難しい感覚です。

この通り、現地の井戸水は全て安全な訳ではありません。不衛生な井戸水を飲んでしまうと下痢などにつながるため、乳幼児の場合は命に関わります。大人でも衰弱しますし、そうした時に発症するマラリアは大きな脅威になるのです。従って、井戸を掘る時にも細心の注意を払います。

まず深く掘らないといけません。労力もお金もかかりますが、浅く掘って水が出たとしても、泥が混じり濁っているのです。それでも深井戸が近くにない家では飲用にしていますが、極力避けたい。そしてもう一つ、井戸水には大腸菌という大敵がいるので、これを排除する必要があります。この大腸菌を排出するのが人間である、というのがやっかいなのです。

ブルキナファソでは、地方に行けば行くほどトイレ施設を目にする機会が減ります。つまり、多くの人が青空の下で自由に済ませているのです。これは現地のルールですし、開放感に満ちて気持ちいいのかもしれません。しかし、排泄物は地中に染み込み、地下を経由して、大腸菌が井戸にまで達する可能性があります。こうなると、せっかく掘った井戸が台無しです。安全な飲み水を守るため、トイレ建設が私たちの大きな仕事となりました。

トイレ建設はスコップなど人力で

トイレといってもサポネには下水道設備がないので、建設とはすなわち「穴掘り」です。場所を見極めて、地面に深さ5メートルほどの穴を掘っていきます。重機や特殊装備などもないので、スコップによる手掘りです。住民を数名雇い、指導しながらひたすら掘り進めていきます。作業する住民には貴重な現金収入になり、何らかの不具合が起きても自分たちが作ったものだから自分たちで修復でき、新たに作ることも可能になります。ただし、人力なので1日に掘り進められる深さは限られ、雨が降れば作業は中断するので何日もかかります。地道に進めていくしかありません。

便槽にあたる穴を掘り終えたら、その上に大きなフタをかぶせてトイレの床とし、そこに直径5センチくらいの小さな穴を開けます。これが排便時の〝的〟になるわけです。さらに、トイレの四方には石のブロックか日干しレンガを積んで囲い、使用者の腰から下が見えないようにします。これで露天掘りのトイレが完成です。

このトイレには屋根や高い壁はありません。それは工数削減のためではなく、屋根や壁を付けてしまうとトイレ内が猛烈な暑さになるから。そもそも気温が高いので、通気を絶ってしまうととんでもないことになり、利用者が排便中に気絶してしまいかねません。また、完全に囲ってしまうと、どこからやってくるのか大量のゴキブリが発生して壁を覆い尽くします。こうしたことを防ぐために、一見中途半端な囲い方になっているのです。現地ではすこぶる理にかなった工法だといえます。

参考までに、このトイレの穴は衛生や安全を考えて小さくしているのですが、小さなターゲットに命中させるのはそれなりに技術を要します。私自身も習得するのに少し時間がかかりました。的を外したら、貴重な水をバケツで持ってきて便所掃除をする羽目になります。放置しておくとゴキブリが大量に集まってくるからです。そうした失敗と修練の結果、私も百発百中のテクニックを身につけました。その秘術を他のところで活かす機会は今のところありません。

比較的高くブロックが積まれたトイレ

話が逸れましたが、こうしたトイレをサンビ村やクーテンタンガ村に40基ほどつくりました。土に掘った便槽がいっぱいになったら、そのトイレは「休ませる」ことになります。そして必要に応じて新たなトイレをつくるのですが、最も注意を払わないといけないのが、「井戸からの距離」です。これが近いと、大腸菌が地下を通って井戸水に侵入するリスクが高くなります。そのため、私たちは最低100メートル離すようにしています。一度誤って、井戸から100メートル以内の場所にトイレを掘ったことがあり、急いでつくり直しました。あの時ミスに気付かなかったら……と思うと冷や汗が出ます。

このような活動を展開しつつ、コロナ禍以前は年に2回のペースでブルキナファソへ足を運んでいました。取り組みの効果も少しずつ現れ始め、やるべきことも増えていく中、2018年にサポネの隣にあるピシィという村で幼児院の運営を始めました。運営主体はもちろん、クリストフが率いるビ・ソンゴです。

ブルキナファソで運営する幼児院

ピシィ村には廃止された幼児院の建物が残っており、地元住民には再開を希望する強い声がありました。見ると、施設自体は使えそうで、ユニセフのマークがついた机や椅子もあります。これは使わなければもったいないと、クリストフたちと相談の上、再開を決めたのです。ここでは5歳以下の子ども約40人を受け入れ、一般保育や教育に加えて、「トイレに行ったら手を洗おう」といった衛生教育も実施。給食も提供しています。

幼児院があれば子どもを預けられるので、母親は仕事をすることができるようになり、土地の経済にも貢献します。給食は1日1食ですが、子どもたちの栄養補給につながり、安全な環境で教育の機会を得られる。先生や給食を調理する人を雇ったので新しい仕事も生まれる、と「四方よし」が実現できました。この幼児院、当初は3年後にサポネ市へ引き渡す予定だったのですが、コロナの時代もあったため、2024年現在も引き続きビ・ソンゴとＦｕｔｕｒｅ Ｃｏｄｅが運営しています。

ブルキナファソでの日常

ここまで読むと、ブルキナファソでの私は四六時中支援活動に没頭していたように思えるかもしれませんが、もちろんそんなことはなく、土地の方たちと触れ合い、語り合いながら色々なことを感じていました。生活を共にすることで見えてくるものもあります。そうした

幼児院での手洗い指導

〝オフ〟の風景も紹介しておきたいと思います。

私がブルキナファソを訪問するのは、雨季に入る前の5月と乾季前の11月。マラリア感染者が増え始めるのが5月で、いったん収まるのが11月なので、その周期に合わせているのです。プロジェクトの現状と課題を点検するのにもこのタイミングが向いています。ちなみに、12月から4月ごろまでの乾季は暑すぎるためか、ハマダラカも姿を消し、マラリアの発生も減少傾向になります。

現地で私が住んでいるのは、控えめに表現して〝掘っ立て小屋〟です。壁と屋根はありますが、およそ日本の家屋とはかけ離れています。この小屋で日々寝起きしており、朝起きると、まず水浴びをします。昼夜問わず暑い土地なので、汲み置きしておいた水を頭から浴びるこの瞬間だけが涼しいのです。

この水浴びに使う水は、前日の夕方に小屋から徒歩10分くらいの場所にある共用の井戸へ行き、大きめのプラスチック製バケツに汲みます。バケツは2個。両手に持って小屋に帰るのですが、バケツの重さで汗だくです。しかし私はまだ恵まれている方で、水汲みに片道30分以上かけている人も少なくありません。

こうして汲んできた水も、一夜明けると高い気温のせいでぬるま湯になっています。それでも貴重な水なので無駄にしたくありません。体につけたせっけんやシャンプーの泡を目いっぱい広げて洗い、それを手の平で一カ所に集め、まとめて洗い流すという工夫をしました。1回の水浴びはバケツ半分の水で済ませる、というルールです。朝だけでなく、仕事を終えて水汲みを済ませた夕方にも、もう1度水浴びをします。タオルなどはもったいないので使わず、常に自然乾燥。風が吹いたりすると涼しくなって最高の気分です。

1日の汗を流した後、夕方の時間はアフリカの大地に太陽が沈んでいく様子を眺めたりして過ごします。これまでのこと、これからのこと、遠く離れた日本のことなどを考えながらその日の太陽を見送る。ブルキナファソの日没は何度も何度も繰り返し見たのですが、とにかく美しい。飽きることはありませんでした。

夜は小屋の中で、蚊帳を張って寝ます。しかし、敵はハマダラカだけではありません。一度、タイミングをずらして7〜8月に行った時には、オレンジと黒のまだら模様を持つ何かの幼虫が蚊帳の中まで侵入してきて閉口しました。こいつに咬まれると猛烈な痛みがあるのです。しばらく悩まされましたが、1カ月くらいすると羽が生えてどこかへ飛んでいきました。何の虫だったのか今でも不明です。また、ダニの攻撃もなかなか強烈でした。就寝用のマットに住みついたダニは、天日で干した程度では退治できません。ある夜は、両足を80カ所くらい咬まれていて、目が覚めるとパンパンに腫れ上がっていました。この傷痕は今でも残っています。しかし、虫たちのせいで不眠になることはなく、1日の仕事を終えた時には疲れ切っているので、体を横たえると自然に眠りに落ちていました。

サポネの休日

サポネには、先進国でいう〝娯楽〟のようなものはほとんどありません。目の前には広大な自然があるのですが、ここは住民にとって生活の場。当然ながら何の仕掛けもなく、ガイドもいません。

サポネに来て間もない頃、土地の子どもたちに「何か見るものはないか」と聞くと、「歩いてすぐのところにある」と言われたので、子どもたちに案内してもらうことにして出かけました。どうやらワニが住む池があるらしいのです。

しかし、歩いても歩いても、30分以上経っても、目に入ってくるのは広大なアフリカの大地ばかり。土地の子どもたちは元気にはしゃいでいますが、ブルキナファソの気候にまだ慣れていなかった私にとっては地獄の行進です。頭上では灼熱の太陽が私を炙る。「すぐそこ」と言われていたので何の準備もしていない。体力に多少の自信がある私も、さすがに心が折れそうになり、「十分楽しかった。引き返そう」と提案するのですが、子どもたちは「池を見せてあげる」と、なおも無邪気にはしゃぎながらどんどん進んでいきます。1時間以上も歩いて、体中の水分がすべて蒸発してしまったような気持ちになり、自分はアフリカの地でミイラになるのかと覚悟を決めた頃、ようやく池が姿を現しました。そこで私が目にしたものは――。

正直言って、特に素晴らしい景色でもなく、広い大地の中にため池がある、という場所でした。水面を見ると確かにワニの背中がうっすらと見えるのですが、とりたてて感動的な訳でもありません。でも、とりあえず当初の目的は果たした。さてそろそろ戻ろうか……と思ったのも束の間、子どもたちは「池の奥に島があるからそれを見せたい」と言い出したのです。もう抵抗する力も残っておらず、私たちはさらに歩きました、その島も、浅瀬に草が生えて、池の中に陸地が浮かんでいるように見えるというもので、珍しいようなところはありません。そこで私が何を言ったのか覚えていませんが、子どもたちは満足したようで、ようやく帰路につくことを許してくれたのです。

子どもたちはおそらく、日本人と一緒に歩くという〝非日常体験〟が楽しかったのでしょう。今になって振り返るとそんな気持ちもほほえましく感じられるのですが、その時の私にとっては災難でした。現地の感覚を知らないと、とんでもない目に遭う。「歩いてすぐ」という言葉を日本のものさしで測ってはいけない。そして子どもたちの体力もあなどってはいけない。サポネの地で手厳しい洗礼を受けながら、「1日も早くこのブルキナファソを理解しよう」と私は心に誓ったのでした。

このような調子で日々を送っていた私ですが、その日その日で様々な発見があり、毎日を新鮮な気持ちで送ることができました。それはこの地に「ブルキナ（高潔な人々）」がいるからだと思います。

ブルキナファソの人々は、本質的に人が好きです。家族も、地域の人も、私のようなよそ者も含めて、全ての人を同胞として愛しているという印象があります。人々にとって最も大きな楽しみは、人とのおしゃべりです。民族や宗教が違っていても分け隔てなく接し、楽しげに話を弾ませています。挨拶をするためだけに友人の家に立ち寄る人がいるかと思えば、それを満面の笑顔で迎える人がいる。現地の言葉がうまく話せない私のような人間も快く受け入れる。一時期、病院の敷地内にある小屋に住んでいた頃は、院長先生が毎朝「元気でいるか?」と声をかけるためだけに立ち寄ってくれていました。

ちなみに、サポネにはカトリック教徒とイスラム教徒、そして万物に霊が宿ると考える土着の信仰――いわゆるアニミズムが共存しています。ビ・ソンゴ代表のクリストフはカトリック教徒で、副代表のイドゥリッサはイスラム教徒。イスラム教の断食月「ラマダン」が終わり、広い空き地で行なわれる祈りの集いにイドゥリッサが出かけると、クリストフらカトリック教徒も遠巻きに見守っていたりします。私が「この儀式が終わったらどうするのか」と尋ねると、クリストフは「今日はイドゥリッサにとって特別な日だから、みんなで食事をして祝う」と話していました。宗教の違いよりも、友人という意識の方が強いのです。

また、長きにわたって貧困という課題を抱えているブルキナファソですが、そこに住む人々は貧しさや苦しさにとらわれるのではなく、人と人が互いに結びついているということに幸せを感じているようです。例えばある日のこと。商店街へ行った私は、ふとお酒が売られているのを目にしました。粟などで作る〝ドロ〟という原地のお酒です。どんな味なのか知っておきたいと思った私は、それを買おうとしました。すると店主は「大類からはお金をもらわない。サポネのゲストだから」と言って、バケツ一杯ほどもあるドロをくれたのです。

世界から見ると、ブルキナファソは貧しいのかもしれません。しかし彼らの意識は違います。誰かが金持ちで、誰かは貧しいということがなく、皆が平等なので、助け合って生活をしています。心は決して貧しくないのです。日本をはじめ、先進国と言われている国々ではどうでしょうか。

海外での支援活動を始めて以来、こうした思いが日本では通用しないという壁にぶち当たり続けてきました。企業などに協力をお願いしに行くと、しばしば「そんなことをやっても仕方ない」と門前払いされます。中には「その活動は当社のビジネスにどう繋がりますか」と、私たちの活動を利用しようとする人もいるのです。

もちろん私も「支援はきれいごとだけでは広がらない。資金を提供してくれたメリットを出すことも大切だ」という考えを持っています。しかし、そこに固執したら支援は終わる。お金を目的としたお金は集める意味がないのです。そのことをブルキナファソは私に教え、初心に呼び戻してくれます。

こうした事実に思い当たった時、私はふと考えに耽ってしまいました。

――日本にいる時、私はこんな感覚を覚えたことがなかった。むしろ、人付き合いを疎ましく感じる時さえあった。大切な友人と別れる時も「それじゃ」と手を振って、次に会う時もその友人は相変わらず元気であるはずだし、再会できるのも当たり前だと思っていた。しかし、ブルキナファソの人々にとっては生きていることそのものが重要で、大切な人との再会は何よりの喜びなのだ。だからこそ彼らは過酷な環境の中でも笑顔を絶やさず、言葉を交わすことを大切にし、同胞の無事を確かめるために遠くから足を運んでくるのだろう。

私は、ようやく「高潔な人々」という言葉の意味が理解できたような気がしました。

副代表のイドゥリッサは、2024年6月、脳出血のため、突然この世を去りました。彼の功績と、優しさに報い、彼の家族、小さな子どももまだいますし、これからも私たちは支えていくつもりです。

国際協力や人道支援に当たる人々の間でも、「国民がこれほど真面目に生きている国は滅多にない。ブルキナファソは特別な場所だ」と言われています。ここには、人間らしい生き方があるのです。私は彼らの生き方を学び、それを自分の一部として大切にしていきたいと考えています。

このように私を魅了するブルキナファソですが、ずっとこの地に留まっている訳にはいきません。他にも支援の手を必要としている国があるからです。そんな国の一つがバングラデシュでした。私はブルキナファソやハイチでの活動と並行して、バングラデシュでも自分の挑戦を続けていたのです。

バングラデシュ～新興国の光と影

バングラデシュで活動をするきっかけになったのは、シャキという友人の存在です。フルネームはシャキブル・ラーマン。バングラデシュの医師で、2010年から2012年にかけて兵庫医科大学の呼吸器外科に研究のために留学していました。私が兵庫医科大学で勤務していた時期とほぼ重なっています。流暢な日本語を話し、医局のスタッフからは親しみを込めて「シャキ」と呼ばれていました。

彼は、私が東日本大震災をはじめ、ハイチ、ケニア、トルコの医療支援に身を投じる様子を見て、その活動に興味を持った様子でした。2012年、論文を書き終えてバングラデシュに帰国する際、彼は真剣な目をして「バングラデシュは発展しつつあるように見えるかもしれないが、貧困に加えて災害が相次ぐなど大変な状況だ。国際協力に取り組むなら、いつかバングラデシュにも来てほしい」と私に訴えていたのです。この時も、返事は「YES」の一択でした。その後、帰国した彼から届いたメールにはこう書かれていました。「バングラデシュでは看護師教育が十分ではない。それをサポートすることができれば、必ず多くの人を救うことができる」。文面に、母国を憂える気持ちが溢れています。彼の熱意と「必ず多くの人を救うことができる」という言葉に背中を押され、私はバングラデシュへ飛んだのです。

バングラデシュの正式名称は「バングラデシュ人民共和国」。世界の中では非常に若い国です。インドを挟んで東西に分かれていたパキスタンの東部分が1971年に独立して誕生しました。人口は約1億7千万人で、2023年時点では世界8位。その反面GDPが低く貧困層が多いため、かつては「アジアの最貧国」と呼ばれていました。

国土には肥沃なデルタ地帯が広がっていることも特徴ですが、海抜の低い地域が多いためしばしば大水害に見舞われています。近年は「NEXT11」に選ばれるなど、その経済的な潜在力に世界から注目が集まっており、急伸する新興国の一つ。その首都ダッカに私は降り立ちました。

ダッカ首都圏が成長する猛烈な勢いは、現地に行けばすぐに見てとれます。しかし同時に、ダッカと地方、富める人と貧しい人の差は拡大しているのが現実です。スラム街に一歩足を踏み入れると一目でそれが分かります。衛生状態は最悪でコレラや赤痢がたびたび流行し、もともと地層に存在するヒ素に汚染された井戸水が原因の中毒も社会問題となっているのです。新興国として注目されるバングラデシュの光と影だといえます。

医療や衛生面で課題の大きいバングラデシュなのですが、病院で勤務する看護師のうち、正規の免許を持つ人は10％ほどだといわれています。現地で旧友との再会を喜ぶのも束の間、私はすぐに活動を開始しました。まず取り組んだのは孤児院での健診です。そして次に、看護師育成プログラムも開始。ダッカにあるコンバインド・ミリタリー病院で、２０１４年４月から、日本の看護教育を基にした知識と技術の強化に着手しました。

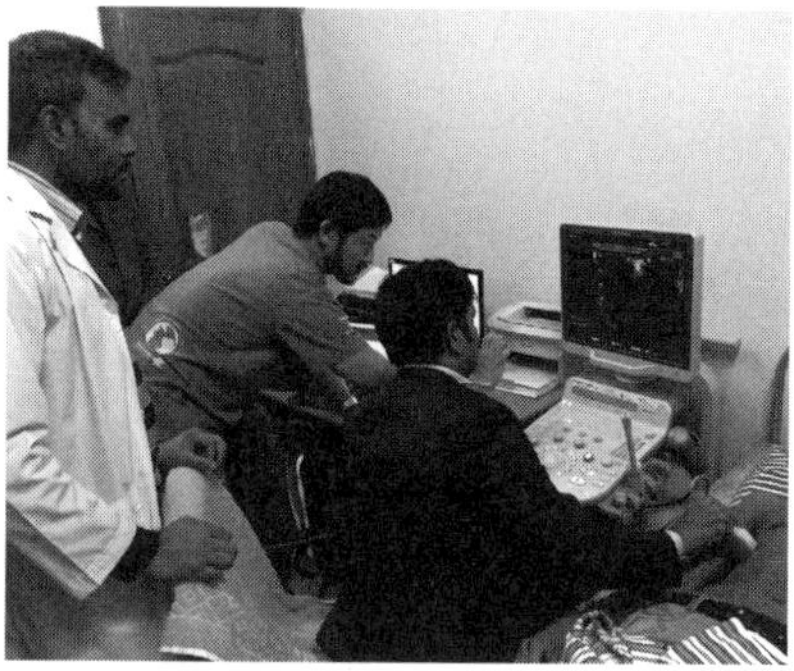

エコー機器の使い方を指導する

「よしやるぞ」と気合を入れたものの、言語も文化も違う生徒たちが相手です。プログラムの準備は大変でした。受講生として選ばれたのは60人。その全員に日本式の看護教育を分かりやすく、かつできるだけ短期間で伝えなければなりません。かといって、詰め込み式の講義では効果が期待できないし、生徒は退屈します。そこで、講義の要所では映像を活用しました。実際の臨床現場で撮影した動画を講義中に上映するのです。これなら復習の時にも繰り返し利用できます。また、生徒が発言する時間を設けたり、具体的な場面を想定して講義内容を実践してもらうロールプレイングを行なったりと、知恵を絞りながら様々な工夫を講義に取り入れました。そして生徒たちの反応を見て、理解度も確認しながら進めていったのです。

講義を行う度に反省点は見つかりました。そして大急ぎで新たな工夫を考え、次の講義では修正した内容を提供する。そしてまた反応を見る。

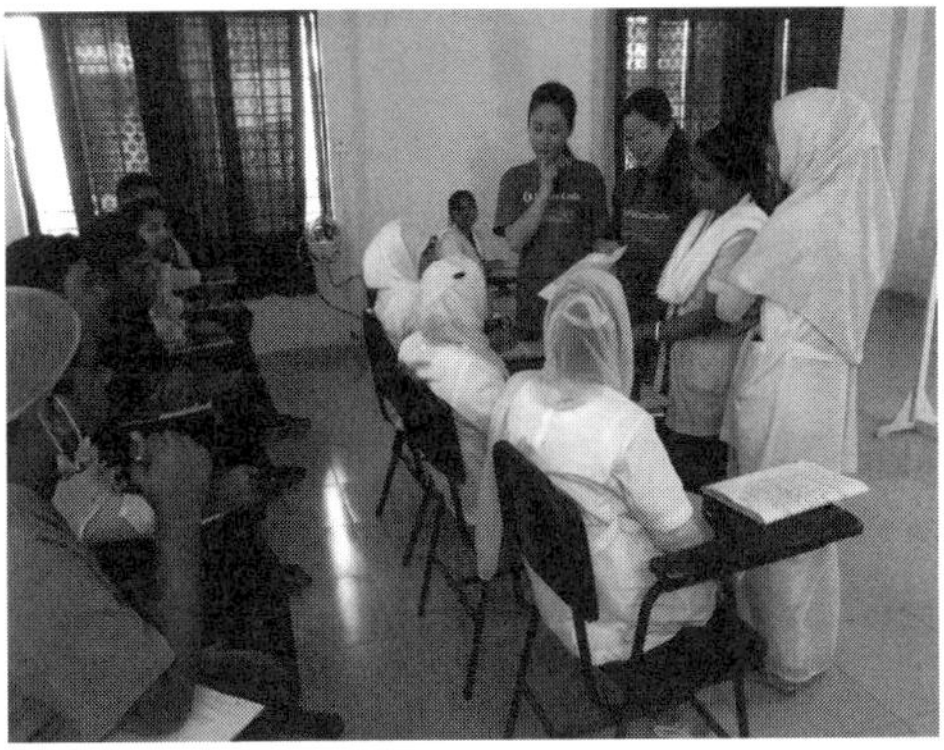

医療者に座学で指導をするFuture Codeのメンバー

私の頭は常にフル回転状態でしたが、人を育てるという作業は楽しいものです。この時期は充実感に満たされていました。その気持ちが生徒たちにも伝わったのでしょう。看護師の卵たちは誰もが一生懸命で、真剣に私の話に耳を傾け、講義の終わりには「次の講義を待っています」と言ってくれました。

コンバインド・ミリタリー病院での看護師育成プログラムは無事に終わり、60人の生徒はそれぞれの持ち場へ巣立っていきました。しかしプロジェクトは続きます。地域の2つの中核病院でも行うようになり、対象も救命救急やＩＣＵを担当する医師までを含めた医療者全般に広げました。もちろん座学だけではなく、機器の操作を基礎から確認し、知識と技術を共有していきます。生徒たちも非常に熱心で、心肺蘇生のトレーニングでは先輩看護師が後輩を指導する場面も見られるようになってきました。

この医療者育成プログラムが起爆剤となり、病院内では資格取得を目指して自主的に勉強に取り組むスタッフが増加。院内感染症の対策委員会も発足し、さらに事務担当から清掃スタッフ、警備員までを含む全職員が患者に対する「接遇」の改善にも取り組んでいました。プログラムはいつの間にかひとり歩きを始め、医療の基礎を学ぶだけでなく、自立へ向けた動きも生んでいたのです。

孤児院やスラム街での医療支援

私とシャキは、２０１２年から「マドラサ」と呼ばれる孤児院の医療支援を始めました。マドラサはイスラムの神学校を意味する言葉ですが、バングラデシュでは貧しい人が子どもを預けたり、親のいない子どもが入学したりするケースが多く、実質的には孤児院です。私たちはこのマドラサを巡回診療し、何らかの症状がある子どもをピックアップしていきます。主に腹痛や下痢、寄生虫症が多いのですが、症状が重い場合は治療費を渡して病院を紹介します。巡回診療の際には手洗いなどの衛生教育も行いました。

また、スラム街での母子保健活動も開始。当時、対象地域のスラム街には4万を超える人々が暮らしており、毎月50～60人の赤ちゃんが生まれていました。しかし住民はお金を持たないため、無資格の助産師による自宅出産となり、医療の介入がないまま多くの赤ちゃんや母親が亡くなっている状況だったのです。一刻も早く何とかしなければと、病院での妊産婦検診や出産をするための資金提供をすることにしました。

ダッカ郊外の「マドラサ」で子どもたちの検診をする

　経済発展が著しいダッカでは、再開発のために取り壊されるスラム街も多く、そこに住んでいた人は移動を余儀なくされます。このため継続的な追跡対応が非常に困難なのですが、スラム街での母子保健はできる限り、必要に応じて取り組む形にしています。

さらに私とシャキは、2017年から日本語学校「FCランゲージ&ジャパニーズカルチャーセンター」の運営を始めました。技能実習生として日本で働くバングラデシュ人はまだ多くはありませんが、低賃金のバングラデシュからみれば日本は魅力があり、今後は渡航者も増える可能性があります。技能実習の制度そのものには疑問点もあるのですが、現在は国も制度改革に向けて動いているようですし、今後は「移民」の問題も多くなるかもしれません。いずれにせよ、もし日本に行くなら事前に日本語をしっかり学んで社会や文化にもなじんでほしいという思いが私とシャキとで一致。そうした経緯で日本語学校を作ったのです。日本語能力に応じて2クラスに分け、日本語が話せるバングラデシュ人などが講師を務めました。この学校はコロナ禍で一旦休止となったのですが、現在再開の可能性を探っている段階です。

私たちの活動を阻むものたち

このように、シャキと二人三脚で進めたバングラデシュでの人道支援ですが、こうした活動は理不尽な力に阻まれることがあります。私たちが活動しているダッカでも、２０１６年７月に大規模なテロ事件が起きました。各国大使館や外資系企業のオフィスなどが集まる地区のレストランをイスラム系過激派とみられる武装集団が襲ったのです。

武装集団は人質を取って警官隊と銃撃戦になり、警察官２人を含めた22人が死亡。このうち７人が国際協力機構（ＪＩＣＡ）のプロジェクト関係者である日本人でした。事件は日本を含め世界中で報道されたので、記憶されている方も多いかと思います。

ケニアでも経験したことですが、テロにより国際協力の活動が影響を受けることがあります。撤退を余儀なくされる団体もあり、危険と隣り合わせの現場は参加する人も二の足を踏んでしまうため、活動を拡大していくことが難しくなるでしょう。

また、テロが起きると様々な意見が飛び交い、そこから差別が生まれることすらあります。ダッカの事件後も、実行犯がイスラム系過激派だと知り、イスラム教徒を警戒したり敵視したりする人たちがいたようです。実際に私も日本で、「イスラム教徒は全員死ぬべきだ」と発言するヨーロッパ人と出会いました。私は、平和なイスラムについて彼に説明しましたが、それ以降、彼は私を避けるようになりました。残念な気持ちだけが残ります。

私がバングラデシュやブルキナファソで出会ったイスラムの人たちは、誰もが寛容で、平和を望む善良な人たちでした。この人たちの心のあり方こそがイスラムの精神なのです。

この点だけは理解しておいてほしいと願っています。

そして、絶対に間違っているのは罪のない人たちの命を奪うという行為です。ダッカのテロで犠牲になった人たちは、国際協力のプロジェクトに携わっていて、標的にされる理由は一切ありません。しかもこの人たちの先には支援を受けるはずだった多くの人たちが繋がっていて、テロリストたちはこの絆も同時に絶ってしまったのです。

しかし、テロに屈さない人々が世界中に多くいることを私は知っています。私も自分の活動を継続していくことによって新たな絆を紡ぎ直し、自分にできる方法でこうした理不尽な力に立ち向かっていきたいと考えています。

また、我々の活動を阻むものは他にもあります。近年最もダメージを受けたのがコロナ禍です。

バングラデシュのケースでは、前述の通り日本語学校がコロナ禍の影響で休止しました。順調に進んでいた医療者育成プログラムも活動を停止せざるを得なくなりました。しかし、ここで「残念だ」と言い残して去っていくだけでは、今まで積み上げてきたものが水の泡。もちろん、そうはさせません。私はコロナ禍以前からバングラデシュで大きな計画を進めており、現在も進行中の段階にあります。これについては後に詳しく紹介するつもりです。

ちなみに、バングラデシュの活動で私のパートナーとなってくれたシャキは、現在キングストン病院に勤務しながら、Ｆｕｔｕｒｅ Ｃｏｄｅのバングラデシュ支部長として活動の先頭に立ってくれています。また、彼から要請があれば、私はいつでもすぐにバングラデシュに飛びます。十数年の付き合いで、様々な苦楽を共にしてきた彼は、すでに私の家族のような存在です。

シャキと知り合う前、バングラデシュは私にとって遠い国でした。しかし今では、こんなにも活動が広がり、もはや自分の生活の一部とも思える場所になっています。これはやはり、バングラデシュの人や風土や文化を知り、国そのものを好きになったからでしょう。見て、知って、理解することは何より大事です。

田口茂樹さんとの出会い

バングラデシュ、ハイチ、ブルキナファソと各地の活動に奔走していた２０１５年、とんでもない人物との出会いがありました。田口茂樹さんです。当時Ｆｕｔｕｒｅ Ｃｏｄｅはクラウドファンディングでバングラデシュ関連の活動資金を集めようとしていたのですが、それがニュースで取り上げられ、たまたま東京で見ていた田口さんが事務所に連絡をくれたのです。

「神戸に行くから、大類君に会いたい。クラウドファンディングで足りなかったら私が資金を出しましょう」。

さすがの私も面喰らいました。田口さんは私より6歳ほど年上で、出身は大阪・茨木市。介護や医療などに関する総合サービスを国内外で展開している「エス・エム・エス」の創業メンバーの1人であり、投資の世界では超がつくほどの有名人です。2015年当時はシンガポールを拠点に個人で活動しており、私も名前は知っていたのですが、その人から突然、直接連絡が入ったので、「これは一大事」と、大急ぎで資料を用意しました。世界で活躍する投資家に、我々の活動をきちんと伝え、納得してもらうためです。

約束の日時、田口さんはFutureCodeの事務所にやって来ました。威圧感は全くなく、ひょっこり現れたという雰囲気です。私はまず、FutureCodeを理解してもらおうと団体の理念や取り組み内容などを緊張気味に説明し始めたのですが、5分も経たないうちに田口さんは「事前に調べたので、活動内容は理解しています。それより今日は何時まで飲めますか？」と言い出したのです。その屈託のない笑顔を見て、私は再び面喰らってしまいました。

結局、田口さんとは翌朝まで飲み明かしました。私もお酒は好きな方ですが、田口さんは大変な酒豪。ここでも規格外の人物だと思い知らされたのです。酒を通して私という人間の本質を見極めようとしていたのかもしれませんが、もしそうであれば私は合格点をいただけたようで、そこから付き合いが始まりました。田口さんからは、「大類君には日本の医療を変える可能性がある。一緒に変えていく用意が私にはある。君でしかなし得ないことが必ずあるし、それを応援したい」と熱いメッセージをもらい、その言葉通り活動の支援をいただいています。そして、日本でもバングラデシュでも、2人で何度も飲み明かしました。

田口さんは私と同様、現場を見て、知って、理解を深めるタイプの人物です。ブルキナファソにも「現地を見たい」と、2回同行してくれました。私はサポネの生活環境を話し、不便を感じるのではないかと気をもんでいたのですが、そんな心配はどこ吹く風。現地に着くとすぐに馴染み、例の露天掘りトイレにも全く臆することなく「私はこういうのは上手なんだ」と〝的〟に命中させては笑っていました。こんな豪快な人はなかなかいません。

また、ある日には、私たちがシアバターを作っている作業場（※詳しくは後述）を見学している最中に大型冷蔵庫が壊れるというアクシデントが起きたのですが、田口さんは

シアバターを製造する作業場

「直してください」と言って数十万の修理代をポケットマネーから出してくれました。目の前で誰かが困っていると、放っておけない性格なのです。孤児院に同行してもらった時には、無料検診で私が子どもたちに聴診器を当て続けるのをじっと見ながら、何かを考えている様子でした。いつも豪快な田口さんですが、こういう時には明晰な頭脳が猛スピードで活動しているのではないかと思われるのです。このような姿を見ながら、私も様々なことを考えさせられます。その一つが〝お金に対する人のあり方〟です。

田口さんは、お金持ちだということ

は間違いないのですが、お金に執着しません。「お金で誰かが救われるなら、自分にできることはしたい」が口ぐせで、自分の財産を社会のために活かす方法を常に考えています。重要なのは、価値あることは何なのか、そこに自分が持っているものをどう活かすか、ということなのでしょう。そうした考えに基づいて行動されてはいるものの、自分が「善意の人」のような形で前面に出るようなことはありません。こんな人が現実にいるのだな、と私は時々不思議に思います。それは、これまでの経験からくる驚きなのです。

シアバターの製造は女性たちが手作業で取り組む

Ｆｕｔｕｒｅ Ｃｏｄｅの活動を始めてからは、資金協力などをお願いするために、世間でいう〝社会的地位〟があり〝多くの資産を持つ〟人たちを訪ねたことがありました。これがたまらなく嫌だったのです。相手によって言い回しは違うのですが、結局は異口同音に「見返りには何をしてくれるのか」という意味のことを言われます。私も、見返りが一切不要だと思っている訳ではありませんが、それ以前に「命」の話をしていると考えているので、結果として気持ちが合わないのだと思います。

実際、バングラデシュでの活動に関連して10万円の支援を受ける代わりに、困難な仕事を請け負わされたこともありました。見返りなしに寄付だけ頂こうなどというのは虫が良すぎる、というのが彼らの理論で、お金持ちの世界ではそれが当たり前なのかもしれませんが、私はこうした人種と付き合うのはもうこりごり……という気持ちになっていたのです。しかし、田口さんは違いました。

彼は、お金ばかりか地位にも名誉にも興味がない。ただ単に「これは面白そうだ」と思えば、どんどん身を乗り出してきます。そして、人の喜ぶ顔を見て自分も大喜びするような純粋さを持ち続けている。本当に、不思議な人です。田口さんと知り合ったことで、日本はまだまだ捨てたものではないと思わされました。

空想を現実にしたい

田口さんとの出会いが強力な後押しとなり、Ｆｕｔｕｒｅ Ｃｏｄｅの活動も幅が広がりました。それまでの私を振り返ると、多くの時間をお金の問題の解消に費やしています。ハイチ人医師を招聘する時も、現地にレントゲンを調達する時も、そしてＦｕｔｕｒｅ Ｃｏｄｅで何か新しい取り組みをする時も、その都度お金のことで悩んだり、立ち止まったりしながら、クラウドファンディングを始めとする寄付でなんとか資金を集めました。それでも足りないので、自分の貯えも全て活動資金に充てました。そんな私たちの前に、ひょっこり現れた田口さん。その力添えにはどれだけ感謝しても足りないくらいです。

しかし、ここで一つの疑問が生じてきました。それは「貧困や災害、疫病に苦しむ国を支援し、自立させようとしているＦｕｔｕｒｅ Ｃｏｄｅが自立できていないのでは？」ということです。

例えば、田口さんとの出会いがなかったとしたらどうでしょう。私たちは従来通り、いやむしろ以前より忙しく寄付活動を行なわなければならなかったはずです。活動を広げていけばいくほど資金も必要になります。それを自前で用意できない限り、支援の手を止めてお金を集めるために奔走しなくてはならないのです。それに、田口さんの厚意があるからといって、いつまでも甘えている訳にはいきません。

「Ｆｕｔｕｒｅ Ｃｏｄｅの活動を資金面で自立させたい」。これが私の新しい目標になりました。自分たちでビジネスのようなことを始め、そこで利益を出し、人道支援というかたちで社会に還元する。利益が大きくなるのに比例して支援活動も拡大でき、雇用を生むことにも繋がるだろう。新しい取り組みにもチャレンジできるに違いない。

こうした考えは以前から持ってはいたのですが、まだかたちを持たない漠然とした空想のようなものでした。しかし、田口さんとの出会いで多くの刺激をもらい、さらにバングラデシュでの活動で新興国の勢いを感じながら、「この国にビジネスチャンスがあるのでは」と手応えを感じました。空想がかたちを結び始めたのです。私はこの計画をすぐ実行に移すことにしました。再びゼロからのスタートですが、仲間は世界中にいます。「絶対に成功させよう。成功させることだけを考えて突っ走ろう」そう心に決めた私は、助走無しの全速力で駆け出しました。

最初の舞台はバングラデシュです。経済的に勢いがあり、伸びしろも十分。私はこの地に「フューチャー・コード・ジャパン（FCJ）」と、「TOS JAPAN LIMITED」という2つの会社を立ち上げました。

FCJは人道支援に重心を置いた企業で、目下最大の事業は「総合病院の建設」です。ダッカの一角に、地元のロータリークラブや日本の投資家からの協力を得て病院を作ります。日本のロータリークラブも支援を考えてくれるとのことでした。

資金は寄付にすると提供者に贈与税がかかるため、投資事業として計画。支援の要素もありますが、配当額を小さく設定することで了解が得られました。医師や看護師の育成も事業の枠組みの中で行います。病院を建てるだけでなく、雇用にも繋げていこうという目論見です。このプロジェクトは、ＦＣＪ現地支部長のシャキがディレクター兼マネージャーを務めています。コロナ禍で一時期中断しましたが、現在はバングラデシュ政府との用地買収交渉を進めている段階です。

もう一つのＴＯＳは、ＦＣＪよりも自由にビジネスに取り組み収益を上げるため、２０２１年に立ち上げました。Ｔは田口さん、Ｏは大類、Ｓはシャキの頭文字です。社長は田口さんに就任してもらいました。会社の収益はＦＣＪに託し、社会貢献のために役立てます。

このＴＯＳは、今のところ不動産業と畜産業に取り組んでいます。手始めに、ダッカから車で１時間ほどの場所に、東京ドーム数個分の広さの土地を購入しました。ダッカ首都圏の地価は高騰しており、持っているだけで資産価値が上がるからです。ただし、広大な土地を遊ばせておくのはもったいないということで、そこで牛を育てて売ることにしました。バングラデシュの畜産は需要に供給が追い付いておらず、政府も畜産を奨励しています。ただし、牛が排出するメタンガスが地球温暖化の原因の一つだと指摘されていることから、温暖化防止の研究施設を併設することも考えています。こうした活動で、バングラデシュでの地盤固めはできました。次のターゲットはブルキナファソです。

「神秘の木」に活路を見出す

皆さんは「シアバターノキ」をご存知でしょうか。美容に関心がある人なら「シアバターなら分かるけど……」と思われるかもしれません。そのシアバターの原料となる果実を実らせる樹木です。高さは10〜20メートルくらいでそれなりに大きく、ブルキナファソを含めたアフリカ中央部に自生しています。果実は数年に一度実り、割ると大きな種（シアナッツ）が入っています。ちょうど、丸っこいアボカドのような感じです。この種の胚にあたる部分が「シアカーネル」と呼ばれており、これを加工してできるのがシアバター。高い保湿性を持つことから、近年では化粧品やせっけんの原料として注目されています。

ブルキナファソには日常風景の中にシアバターノキがあるのですが、現地では美容目的というよりも主に食用油脂として利用されており、流通量はほぼ飽和状態。そうした中、ブルキナファソへＪＩＣＡ海外協力隊の隊員としてやってきて、隊が撤退した後も残ってシアバターの販売を手伝ってきた人から話を聞き、「これは支援のためのビジネスになる」とひらめいたのです。

シアバターの作り方を簡単に説明すると、まず堅い種子や胚を木槌で砕き、粉砕した胚を鍋で焙煎して、さらにペースト状になるまですりつぶします。水を加えて練り続けると脂肪分が乳化。それを鍋に移して弱火で加熱し、沈んだ不純物をすくい取って純度を高めます。最後にフィルターでろ過し、しばらく置いておくと固まり、完成品ができあがる、という手順です。

手間がかかり、力仕事も含まれるため根気も必要なこの作業を、主に女性が担っています。現地ではシアバターノキが「神秘の木」としてあがめられており、女性しか木や果実に触れることができない、と言い伝えられてきたためですが、近年は男性も作業に加わっています。

私たちは、このシアバターを化粧品の原料として日本に輸出し、ハンドクリームとして製品化しようと計画しました。ブルキナファソの勤勉な女性たちが丁寧に作るので、品質には自信があります。そのハンドクリームがたくさん売れれば、貧困から抜け出すための新たな雇用を生み出すことができるのです。利益が出たらブルキナファソを含め、課題を抱えた国々を支援する資金にもなります。

このプロジェクトの課題は、日本への輸送手段でした。現地で精製まで終わらせれば長期保存が可能になり、輸送代が安い船便で運ぶことができます。しかし、未精製の方が比較的低い温度で溶解するため、浸透力に優れ保湿性も高いと分析されているのです。できれば商品価値の高い未精製の状態で日本の化粧品会社に届けたい。そうすると航空便になる。ビ・ソンゴのクリストフと一緒に航空会社を回り、少しでも輸送代が安くなるように交渉して輸送手段を確保しました。

次はシアバターからハンドクリームを製造してくれる化粧品メーカー探しです。日本に帰り、片っ端から売り込みをかけました。それに反応してくれたのが、化粧品や医薬部外品の受託生産などを手掛ける、大阪市の「日本コルマー」（2024年6月、TOA株式会社へ社名変更）です。1912年創業という歴史を持つ会社で、私たちはここと協業することに決定。初期費用はクラウドファンディングで363万円が集まりました。

早速現地で作業に取り掛かってもらい、収穫、生産、加工と順調にプロセスは進み、2019年3月に販売を開始しました。商品名は「肌にシアバターがいい」という意味を込めて、「hadanishea」（肌にシアー）としました。販売を担当したのは、Future

子どもたちに囲まれる学生部のメンバー

Ｃｏｄｅに所属する大学生の組織「学生部ＢＹＣＳ」です。

学生部ＢＹＣＳは、Ｆｕｔｕｒｅ Ｃｏｄｅ内の学生組織として２０１６年に誕生しました。ＢはＢｒｉｄｇｅ、ＹはＹｏｕｔｈ、ＣはＣｈａｌｌｅｎｇｅ、ＳはＳｍｉｌｅ。「発展途上国との架け橋となり、若者らしくがむしゃらに挑戦し続け、人々に笑顔を届ける」という意味が団体名に込められています。メンバーは、私が大学などで講演をした際に興味を持ってくれた学生たちで、関西エリアを中心に全国の大学を横断する形で発足。初年度にはハリケーンで被災したハイチの病院再建のため、クラウドファンディングでの資金集めに取り組んでいます。

彼らに白羽の矢を立てたのは、ハンドクリームの販売であれば学生に向いていると考えたからです。現役の学生が発展途上国を支援したいと思っても、日本にいてできることは限られています。そこでこのハンドクリームを売れば、売れた分がそのまま支援に繋がる。同時に活動の中では、営業、販売、ブランディングなどの体験ができる。こうしたスキルは社会に出て必ず役立つはずです。まさに学生にうってつけだといえます。

この話を2期生のメンバーに持ち掛けると「やってみたい」と乗り気だったので、BYCSに任せることにしました。私からは「お手伝いだと思ってはいけない。君たちが主役のプロジェクトだ」と発破をかけ、メンバーもその期待に応えてくれています。ちなみに、hadanisheaのチューブは学生たちによるデザインです。

このhadanisheaは、国際協力関連のイベントがあればブースを出して、来場者にPRしつつその場で販売しています。また、私は学生部と別のルートを探し、ドラッグストアなどに置いてもらえるよう営業に回っています。必要があれば何でもやる。「君がやっているのは医療なのか、それともビジネスなのか」と言われるのも無理はありません。

発売から5年目の販売実績は累計で約1万本。化粧品を売っているのにもかかわらず、セオリーに反し、広報に資金をかけることができない支援団体の我々としては、上々の結果なのだろうと思っています。そして知名度は徐々に上がってきており、リピート率も高いようなので、いっそ自前で販売会社を立ち上げたら、もっと売れるのでは……とも思いますが、これは学生教育の一環でもあるので、100％商売というわけにはいきません。なかなか難しいところです。

コロナ禍、そして戦争について

Future Codeでは、学生部BYCSのメンバーを数名選抜し、毎年ブルキナファソを訪問させていました。現地を知り、シアバターの製造現場を見て、どれだけ大変な作業なのか身をもって体験することが目的です。大学のゼミ合宿のような雰囲気でもあります。この活動を見て、田口さんも「学生部があるのは魅力的だ。ここから多彩な人が育っていってほしい」と高く評価してくれています。

しかし、こうした活動もコロナ禍で中断を余儀なくされました。言うまでもなく、海外渡航が非常に困難になったのです。それに追い打ちをかけたのが、ロシアによるウクライナ侵攻がもたらした原油価格の高騰でした。国際線の運賃も信じられないほど高くなり、我々の限られた資金ではとても手が届きません。この時期に私がどんな活動をしていたのかは第6章で紹介します。

コロナ禍は疫病がもたらしたものなので、医者としては目の前の患者に対して何ができるのかを考えます。公衆衛生の視点では、どうすれば感染拡大を抑えられるか、知識と情報をもとに必死に工夫します。例え相手が未知のウイルスだとしても、ある程度ロジカルに考えて対応できるのです。しかし戦争はそうはいきません。人間同士の軋轢が起こしたものだからです。

ロシアのウクライナ侵攻は、発展途上国の経済をも直撃しました。とりわけ食料不足は深刻で、住民は栄養失調の危機に直面しています。1日2ドルでなんとか生きてきた人たちが、その2倍、3倍のお金がないと食べていけなくなったらどうなるのか。世界の指導者には考えてもらいたいのです。

冒頭で述べた通り、今や世界は繋がっています。複雑に、そしてしっかりと一つ一つの国は結びついています。この視点から、戦争の責任は争いを起こした当事者だけでなく、それを止められなかった先進国にもある、と私は考えています。戦争で命を落とすのは、戦火の中にある人々だけでなく、その争いとは全く無関係なアフリカの人たちでもあるからです。これは決して許されるものではありません。特に子どもたちの命が奪われていくのはあまりにも不条理です。爆撃の中で逃げ惑う民間人に思いを寄せることはもちろん大切ですが、それと同時に、遠いアフリカで静かに息を引き取っていく人たちが大勢いることにも目を向け、そして声を上げてほしい。世界の多くの人々はただ傍観するだけ。何とか止めようと行動したり声をあげたりする人もいますが、残念ながらその数は僅かです。特に、戦争の犠牲者は、今も世界に「助けてほしい、声を上げてほしい」と願っています。特に、先進国と呼ばれる国の人たちはこの事実から目を逸らしてはならない。私はそう思っています。

例えば、日本でウクライナ問題が報道される際には小麦のことが取り沙汰されますが、ブルキナファソにおいて小麦は主食という存在ではありません。それよりもベラルーシから農業用の肥料を輸入しており、それに70～80％くらい依存していたため、ベラルーシの輸出が止まって食料全般が高騰した、というのが問題なのです。こうなると農業がままならなくなり、飢餓が始まります。

この状況を察知し、我々はブルキナファソにトウモロコシ10トンと肥料2トンを購入するための資金を送りました。現物ではなく資金としたのには理由があります。現地でモノを買えば、送った資金は発展途上国の経済システムに乗るからです。日本で購入して送ってもいいのですが、現地経済の強化には繋がりません。かえって輸送費や関税がかかります。支援を受ける側のメリットを最大化する工夫が必要なのです。

ちなみに、この肥料購入資金はビ・ソンゴの農場に向けて送りました。ビ・ソンゴは「食料が足りないなら自分たちで作ろう」と農場をオープンし、ダイズやインゲンなど豆類の生産を始めたのです。農地は計5・5ヘクタール。農業従事者として約80人の雇用が生まれました。肥料は農産物を安定的に生産して、収穫を増やすために使います。たくさん収穫できたら、自給分を上回ったものを商品として市場に出し、収益は拡大再生産の費用や従事者の収入となる。つまり自立のシステムです。もし商品が売れ残ったらFutureCodeが買い上げることにしました。ただし、現状としては市場に出せるほどの収穫はまだ得られておらず、無料配布に留まっています。ちなみに、2023年までは3～5トン、2024年は、9トン以上の収穫となりました。努力の結果です。

私たちはそもそも、ブルキナファソで農業に取り組むつもりはありませんでした。トイレ建設の次には、クーテンタンガ村の川の水をコンクリート貯水槽で囲い、バクテリアを使って水の浄化を行った後にオゾンで除菌して安全な飲料水を供給する、というプランを考えていたのです。浄化システムは蚊の発生も防いでくれます。しかし食料危機を前にして、そんな構想を語る余裕すらなくなってしまいました。まずは命。そのためには食べる物を。本来はアフリカの未来のために使うつもりだった大切なお金と時間とエネルギーを、今をしのぐために使わざるを得なくなった。戦争はこのようなかたちでも影を落としているのです。

私に変化をもたらした出会い

Ｆｕｔｕｒｅ Ｃｏｄｅを立ち上げた頃の私は「支援の効果を出すのが私の仕事。お金を稼ぐのは他の誰かに任せよう」と、ビジネスには背を向けていました。しかし今は考え方が違います。

活動を広げていく中で、誰かにお願いをして資金を提供してもらうだけでは限界があると感じ始めました。もちろん寄付に基づく活動が間違っている訳ではない。しかしそれが全ての正解でもない。いずれにせよ、外部の支援に頼っているばかりでは、寄付が途絶えたら活動も途絶えることになる。これを解決するために私なりの正解を見つけなければ……そんなことを考えていた時に現れたのが田口さんでした。その破天荒で、同時に緻密という不思議な生き方は私を大いに刺激し、「こんなやり方があるかもしれない。あるいはこんな方法も」と想像力がフル回転して、発展途上国のために役立つ資金を作り出していく活動に繋がっていったのです。

そしてもう一つ、私が取るべき行動に示唆を与えてくれたものがあります。ジェフリー・サックス氏が著した『貧困の終焉』という本です。世界的なベストセラーになったので、読者の方の中にも読んだことがある人がいるかもしれません。

サックス氏はアメリカの経済学者。ハーバード大の教授職などを経て、各国の経済顧問として活躍。WHOや国連などの活動にも携わり、その経験と膨大な知識、明晰な頭脳をもってこの書籍を著しています。サックス氏が自分の目で見た各国の現状を綴り、歴史や地理、文化、テクノロジーなど多角的な視点から「なぜ貧困が生じ、そして終わらないのか」ということを分析して、「我々はどうすべきなのか」を語っていくのです。中でも、サックス氏が提唱する「臨床経済学」という考え方には大いに刺激されました。これは開発経済学と臨床医学をミックスさせた手法で、小児科医であるサックス氏の妻の臨床治療にインスパイアされて生まれたということなのですが、私の活動においても多くのヒントを与えてくれるのです。

サックス氏は、貧困に対する様々な解決策を列挙した後、「一人一人が熱意をもってとりくむ」という一節でこの本を締め括っています。世界の貧困問題は発展途上国だけの問題ではなく、世界全体の問題であり、社会の問題であり、最終的には一人ひとりが足並みを揃えて取り組むべき問題だというその姿勢にも深く共感します。人類愛が詰まっていて、ぜひ多くの人に読んでもらいたい一冊です。

このように、私は多くの人に支えられ、いくつもの出会いに刺激を受け、手探りをしながらも進むべき道を見つけて、一歩一歩進んでいます。その歩みの中で、医師であり、途上国や被災地を支援する団体の代表であり、起業家でもある、というスタイルが自然にできあがっていったのです。

その「医師」としての部分を、日本のために役立てることも忘れてはいません。東日本大震災の記憶がよみがえるような自然災害が再び発生し、私は被災地に飛びました。2016年の熊本地震です。

第6章 〝未来への鍵〟を受け継いでいく

熊本地震〜震度7の被災地で感じたこと

２０１６年4月14日の夜、熊本地震が発生。私はＡＭＤＡの要請を受け、台湾ＮＧＯが派遣した救命チームの案内役を務めるために現地に入りました。

熊本地震の特徴の一つは、28時間の間に震度7の揺れを2回も記録したことです。14日に起きた激震の後、何度か震度5〜6の揺れが襲い、少し収まったのか……という時に本震が来たため、一旦自宅に戻っていて被災した方もいたと聞きます。

熊本に到着した私は益城町に向かいました。ここは最も被害が大きかった地域です。倒壊した家、ひび割れた道路、憔悴し切った人々であふれる避難所。医療支援で大地震直後の被災地を訪れるのは3度目ですが、数日前まで人々の営みが行なわれていたまちが破壊されているのを見るのは、本当に辛いものです。ふと、南三陸町やトルコで出会った人たちの顔が胸をよぎりそうになりますが、そうした思いを振り払いつつ、目の前で困難を抱えている人たちに向けて、自分の仕事を着実に、かつ迅速に進めなくてはなりません。

益城町では小学校にＡＭＤＡが設置していた救護所を訪ね、支援活動に取り掛かりました。これまでの自分の経験もふまえて、チームに指示を出し、被災者の対応にあたります。小学校に避難していた人は、屋内と車中泊含めて８００人ほど。発災から数日経過していたため外科処置はほとんどなくなっていたのですが、急性呼吸器感染症が増えており、インフルエンザも発生していたため、それらへの対応を考えた上での采配が必要でした。

益城町の現場には、地元医師会の会長であり、益城地域災害医療対策本部長を務める方がいて、本部で各チームの調整などをされていました。お互いに忙しい中だったので、とりあえず簡単に挨拶をして名刺を交換し、それぞれの持ち場に戻りました。いただいた名刺を見ると東熊本病院の理事長で、お名前は「永田壮一」とある。私はそれを確認して名刺入れにしまい、ポケットに入れたのですが、この小さな出会いもその後の大きな絆へと発展していきます。

私はこの取り組みの中で、第9次派遣のチームに参加しましたが、ＡＭＤＡの活動自体は10月まで続き、最後のチームは第31次派遣に及びました。支援を受けた方は約3千人に達しています。台湾から駆け付けてくれた医師は、「被災地の皆さんは緊急時でもマナーを守り、ごみもきちんと分別していた。こうした日本人の立派な態度を台湾の国民に伝えたい」と感銘を受けていた様子でした。

また、私が現地から引き揚げた後の6月には、活動していた小学校にトルコ日本協会の人たちが訪れ、炊き出しでケバブをふるまってくれたそうです。東日本大震災の時にはトルコ日本協会から飲用水の提供をいただき、トルコ東部地震の際にはＡＭＤＡから医療支援を届け、そして今度は熊本地震でトルコから援助の手が差し伸べられている。このように、同じ地球上の同胞として助け合う心こそが高潔であり、美しいと改めて思います。

熊本での再会から新たな絆が生まれる

それから1年が経過した２０１７年の春、私は再び益城町にいました。縁あって、神戸市から被災地を励まそうと訪問するグループを引率同行することになったのです。訪問先の仮設団地に到着すると、何やらおいしそうなにおいが漂ってきました。見ると、すぐそばにロータリークラブの人たちがいて、キッチンカーで食事を提供しています。そこに見覚えのある人がいました。１年前に出会った永田先生だったのです。

急いで挨拶に行くと、永田先生も私のことを「どこかで見た人だな」と思ったとのこと。「あなたもロータリーの関係者ですか」と聞かれたので、「私はロータリー第２６８０地区のロータリーフェローズです」と答えました。2680地区は国際ロータリーの兵庫県エリアで、〝フェローズ〟とはロータリークラブが行う様々なプログラムの参加者を意味します。グローバル補助金で留学を果たした私もフェローズです。永田先生は当時、熊本と大分にまたがる2720地区のガバナーエレクト（次期代表）をされていました。

医師、ロータリー、被災地支援と共通点が多く、二度目の対面では話が弾み、永田先生とはすぐに打ち解けました。私がNPO法人を立ち上げて各国で医療支援に取り組んでいることや、グローバル補助金でリーズ大に留学したことなどを伝えると、永田先生は深く頷き、「私たちの2720地区でも、大類先生の活動に何かお手伝いができればいいのですが」とつぶやいていました。

後で知ったのですが、永田先生が理事長を務める医療法人永田会も、熊本地震で大きな被害を受けていたのです。益城町にあった東熊本病院は電気や水道が止まり、発電機で急場をしのいだものの、通常の医療は困難に。入院患者の一部転院などに追われつつ、永田先生も別の病院への避難を決断。ところが避難先に予定していた病院が本震で倒壊し、東熊本病院も大きな被害を受けて全く利用できない状態になってしまいました。そんな苦境にありながらも、昨年私が目にしたように被災者のことを優先して活動し、ロータリークラブによる被災者支援活動には率先して参加する。永田先生はそういう方なのです。

ちなみにその後、災害復旧に合わせて病院近くを走る県道を拡張する計画が浮上したため、永田先生は病院の現地再建を断念し、２００２年に熊本県菊陽町に開設していた東熊本第二病院に人材と経営を集約しています。

被災地で再会した永田先生。その時、仮設団地で口にした「お手伝いができれば」という言葉も社交辞令ではありませんでした。その後私は、ロータリー２７２０地区が大分・熊本両県でそれぞれ開催した講演会の講師として招かれ、Ｆｕｔｕｒｅ Ｃｏｄｅの活動について九州でも紹介する機会を与えていただいています。

また、永田先生からは「来られるときだけで構わないので、うちの永田会で勤めてみませんか」という言葉をかけていただきました。これは本当に嬉しく、まさに渡りに船だったのです。発展途上国の支援活動で世界各地を飛び回っていた私ですが、日本に戻ったら常に貧乏暇なしで、アルバイト医師の仕事を転々としながらやっと食い繋いでいるという状態。月に数回でも決まった場所で働くことができ、固定収入が得られるというのは非常に大きいのです。

ご厚意に甘えて、永田会には２０１８年から非常勤で勤めました。コロナのため熊本に行けなくなり、一時退職しましたが、東熊本第二病院の入院患者や、企業健診のレントゲ

東熊本第二病院の永田壮一理事長

ン画像を分析するのが主な仕事でした。2023年からは再び東熊本第二病院に戻り、現在は外来も担当。当直で入院患者さんも診ています。

そして、永田先生の熱意と厚意はさらに続きます。2018年12月には、ロータリー2720地区の仲間と共にバングラデシュへ視察に来てくださったのです。FutureCodeが母子保健に取り組んでいるスラム街で、赤ちゃんの死亡率が高いこと、医療知識の乏しい助産師が対応していることなどを説明すると、先生はここでも「何かお手伝いがしたい」と話していました。ロータリー会員としては、スラム街で診療をする際に使う超音波機材の提供や、現地看護師への指導などを検討されているようです。また、医師としては、将来的に永田会で国際医療部を立ち上げ、海外で医療支援をする構想もあると聞きました。まさに有言実行の人です。

ロータリーが生んだもう一つの出会い

ロータリーを通して生まれた縁がもう一つあります。現在、Ｆｕｔｕｒｅ Ｃｏｄｅの監事を務めている坂東隆弘さんとの出会いです。

私がリーズ大学大学院に留学できたのは、前述した通り医療支援を通じて好﨑泰州さんと出会い、兵庫県をエリアとするロータリー２６８０地区からグローバル補助金を出していただいた、といういきさつでした。その後、大学院を卒業し、ロータリー２６８０地区の会合で帰国報告をする機会があったのですが、その場に参加されていた１人が坂東さんでした。

坂東さんは１９５８年、兵庫県東部の丹波市生まれ。〝健康と美容のトータルサポート〟をテーマに掲げ、地元で「ドラッグＢ＆Ｏ薬局」を経営されています。社名のＢ＆Ｏは「ビーアンドオー」という読みが「バンドー」に由来しているとのこと。自身も薬剤師で、ブルキナファソで製造するシアバターを原料にしたハンドクリーム「ｈａｄａｎｉｓｈｅａ」も店頭に置いてもらっています。

Future Codeの監事を務める坂東隆弘さん（左）と

地域活動にも熱心な人で、２００２年設立のＮＰＯ法人「たんばぐみ」の理事長としても活躍。たんばぐみは、行政区分として丹波市と丹波篠山市に分かれている兵庫県丹波地域を結びつける〝接着剤〟の役割を果たそうという目的で設立された団体で、人材育成の「丹波塾」やイベントＰＲを担う「丹波座」をはじめ、地域ブランド普及、地域情報誌の発行など多彩な活動を展開しています。

そんな坂東さんは若い頃、医師になりたいという夢を描いていたことがあったそうなのですが、ロータリーで帰国報告をした私の話を聞き

「医者になって安定した生活を手に入れたのに、それを投げうって発展途上国で医療支援を進める、そんな青年が日本にいたのか」と驚かれたそうです。そして同時に「こういう話は若者にこそ聞かせたい」と考えたとのこと。

ちょうどその頃、坂東さんはロータリーの活動の一つで、18歳から30歳ぐらいの地元青少年を対象とする奉仕組織「ローターアクトクラブ」を組織したばかりでした。丹波には12歳から18歳までが対象の「インターアクトクラブ」もいくつかあり、「インターアクトからそのままローターアクトに移ってもらえたら」という願いを込めて、インターアクトクラブのメンバー向けに講演会を開催。ここに講師として呼んでいただいたのです。

この講演会には、Ｆｕｔｕｒｅ Ｃｏｄｅのメンバーで、バングラデシュでの活動に携わる看護師の長谷川祥子さんも出席。坂東さんの呼び掛けで、丹波市立看護専門学校の生徒にも参加してもらいました。この講演会で私たちの話に共感してもらえたのか、インターアクトの中から看護学校への道に進んだ人もいたそうです。講師冥利に尽きます。後日私はローターアクトでも話をする機会をいただきました。

坂東さんはその後、Ｆｕｔｕｒｅ Ｃｏｄｅで監事の任に就き、経営者視点で運営全般のチェックを担当しています。とても頼りになる存在です。

コロナ禍でも自分の持ち場で奔走する

熊本地震での活動の後、再び各国で様々な取り組みを続け、ブルキナファソやバングラデシュでの事業も順調に進み始めていた頃、中国の武漢市で今までにないタイプの肺炎が発生しているというニュースが入りました。2019年11月のことです。おそらく、世界中の呼吸器関連の医師が動向に注目していたことと思います。しかし第一報からしばらく経っても断片的なことしか分からず、やきもきしている中で社会全体がざわめき始め、やがて2020年になると、世界はあっという間にパンデミックに覆われてしまいました。コロナ禍の到来です。

新型コロナウイルス感染症は、グローバル化した世の中で、一気に地球全体を包みました。南極の基地でさえも感染者が出たというくらいなので、逃げ道はありません。そして、Future Codeの活動も様々な制約を受けることになったのです。何より行動制限があり、飛行機も飛ばないため現地にいくことができません。しかし、世界中の人々が同じ状況なので、文句を言っても仕方ない。しばらく海外に行けないのであれば、日本でできることをやるしかないと腹を決めました。では、今日本でできることとは何か。この得体の知れない新型ウイルスとの格闘です。

まずはコロナ対応の最前線に飛び込みました。新型コロナウイルス感染症が国内でも拡大の兆しを見せ始め、神戸市の保健所が対応に追われて大変なことになっているという話を耳にしたのです。この保健所には、8年前にハイチ人医師の研修で協力していただいた恩があります。「何かお役に立てることがあれば」と申し出ると、「すぐにでも手を借りたい」と切羽詰まった様子。この要請を受け、保健所での治療や検査の活動に加わったのです。

おそらく全国の保健所が同じような状況だったのだろうと思いますが、現場は本当に大変でした。住民も未知の感染症に対する不安の中で保健所を頼ってくるので、それに応えなければなりません。電話だけでも相当な数の入電があるので職員はパンク寸前です。そうした中、少しでも負担を減らすことができればと、私も黙々と自分の仕事を続けたのです。そうした毎日を送る中、ふとあることを思い立ちました。新型コロナウイルスの検査に特化した診療所の開設です。

感染はおそらく今後も広がっていく。ワクチンは国内での接種開始までしばらくかかる。保健所は手一杯。すると、検査ができず溢れてしまう人たちが出てくる可能性が高い。そうした人たちが白黒はっきりしないまま社会生活を続ければ、感染拡大に拍車をかけてしまいます。同時に、検査ができる窓口を増やすのは保健所の負担を減らすことにも貢献できるはずです。

この新型コロナウイルスの検査は、大きく分けて3種類あります。感染症法に基づいて税金で行う「行政検査」、保険を適用して行う「保険診療」、そして保険適用外で個人の希望で行う「自由診療」。ただ、コロナ禍の初期は保険診療が認められていなかったため、当面は自由診療で対応することになります。実際、感染が拡大していく中、「人と接触する仕事に就いている」「移動が多い」などの理由で、費用がかかっても自由診療を希望する人は増えつつあったのです。繁華街で働く人たちも、「安心してお客様に来てもらえるように検査を受けたいが、医療機関も保健所も満杯で簡単にはいかない」と困っているという話も耳にしていました。そこで診療所開設の案を周囲に話すと、知人がスポンサーを引き受けてくれるとのこと。この企画はとんとん拍子で進み、院長は私が引き受けることになって、8月には診療所を開院するところまでこぎつけたのです。リーズ大学の大学院で、卒業論文のテーマを「感染症に対して、どのようなスクリーニングをすれば効果があるか」として、深く研究した経験がこのコロナ禍で大きく役立つことになりました。

診療所の名称は「神戸アイジスクリニック」としました。ギリシャ神話に登場する、ありとあらゆる災厄を振り払う防具「アイギス」が由来で、新型コロナウイルス感染症に対して人々の盾になる、という意味を込めています。検査には、遺伝子検査法としてよく知られる「ＰＣＲ法」ではなく、より早く結果が分かる「ＬＡＭＰ法」を採用。ハイチの結核の診断でこのＬＡＭＰ法を導入するのを手伝った経験があり、それも役立ちました。そして、検査の結果が陽性であれば神戸市保健所に届ける、という流れです。その後、隔離施設での治療の一部は、私自身も保健所の「新型コロナ対策医」として対応します。このように、私は保健所とも関係が深かったので、官民の連携は抜群に良かったと自負しています。

さて、院長を引き受けたものの、開院して3カ月ほど経った頃からいきなり最大レベルの忙しさになりました。まず朝からクリニックで検査を開始します。医師は私1人なのですが、検査に来る人は予想をはるかに超えており、午前中はずっとエンジン全開で診察に対応します。やっと昼休みになると次は保健所の業務に移り、感染者の宿泊療養施設へダッシュ。施設は当時、市が管轄しているものだけでも4カ所あったように記憶していますが、私は第1波から関わっていたので、新しい宿泊療養施設がつくられるたびにそこへ出向き、現場がきちんと運営できるよう采配・調整を行いました。もちろん、宿泊療養施設では防護服を着用した上での活動です。着たことがある人なら分かると思うのですが、防護服はウイルスを防ぐためのものなので通気性もありません。各施設の現場は猛烈に忙しいので療養者の診察や薬の処方、現場の点検などを次々にこなさなければならないのですが、激しく活動する自分の熱で〝動くサウナ〟状態になり、暑さと忙しさでいつもフラフラになっていました。

この保健所業務が終わったら、またクリニックに戻って検査を再開します。陽性の人が出たら保健所にファックスを送信。コロナ禍初期はこうした伝達業務をフォローしてくれるようなITサービスがなく、かといってメールなどは個人情報保護の問題で使えないので、ファックス対応だったのです。ただし届いていないこともあり、漏れがあると大問題なので1人ずつ「届いていますか」と確認の電話を入れなくてはなりません。当然、保健所側でもその全てに対応していくことになります。本当に頭の下がる思いでした。

そうした作業を繰り返し、ようやく1日の仕事が終わって診療所の灯りを消すのは日付が変わる頃。完全にオーバーヒート状態でした。土日も年末年始もなく、244日間の連続勤務。労働基準監督署に叱られてしまいそうですが、コロナ禍の緊急対応ということで見逃していただきたいと思います。

神戸アイジスクリニックの院長は2022年の4月まで務めました。私が検査をしたのは、保健所とクリニックを合わせて3万人ほど。なかなか気合いが感じられる数字だと思います。こうした結果もふまえて、保健所や神戸の人々にもある程度の貢献はできたのではないかと、自分なりに評価しているのです。

コロナ禍で始まった現地スタッフによる〝自走〟

「このクリニックにおいて自分がやるべき仕事のピークは越えた。一段落したタイミングで終えるべきだ」と判断し、クリニックは退職したものの、神戸市保健所での仕事は続けました。しばらくは現場を駆け回っていましたが、その後は本庁に入り、感染者の移送に関する交渉などを担当。勤務にも多少の融通が利くようになり、自由に使える時間も生まれました。いずれパンデミックも沈静化し、人々も移動ができるようになるだろう。そろそろ私も各国に足を運びたい。そんなことを切望していた矢先、あろうことかロシアのウクライナ侵攻が始まったのです。ロシア上空が飛べない、サーチャージが高騰して飛行機代に手が届かない、物価もことごとく値上がりする……簡単に海外に行けない状況はさらに続くことになります。そうした中、ハイチやブルキナファソ、バングラデシュはどのような状況だったのかというと、とりあえず現地スタッフが自力でできることを進めていました。もちろん、予算などの絡みもあるので、オンラインでのミーティングなどは何度も実施して、どうするべきかを話し合い、それを現地スタッフが自力で実現したという意味ですが、それまで長く活動を続けてきた中で、少しずつ人が育っていたのでした。

シアバターの作り方を住民の女性から聞く学生部のメンバー

各国で、それぞれの課題に向き合うための知見や技術を持ったスタッフも増えてきていましたが、何より心強いのはそれぞれの国に信頼できるリーダーがいることでした。ハイチでは現地NGOクソファジのフレデリックという人がおり、ブルキナファソにはビ・ソンゴのクリストフ、バングラデシュにはシャキがいます。もちろん「後は全て任せた」という訳にはいきませんが、それぞれが能力を発揮して、自分たちの国を良くしていこうと駆け回っている姿は容易に想像できました。

継続的な活動については、現地の支部やNG

Oとのメールや電話などによるやり取りで、十分に対応できる能力を持っていることも分かりました。また、いくつかの事案は、現地スタッフの発案で取り掛かったものでした。Ｆｕｔｕｒｅ Ｃｏｄｅ代表の私が現場に入れないということは互いのストレスにはなりましたが、同時にスタッフのスキルを強化し、自走を始めるための貴重な経験にもなったのです。もちろん各国でも日本と同じようにパンデミックが起こっていましたが、そうした中でもそれぞれの取り組みを途絶えさせることなく続けていたことに私はとても感動しました。まさにこのような状況を待ち望んでいたのです。

とはいえ、私が現地に行かないと動かせないこともあります。例えば、バングラデシュで進めている総合病院の建設です。用地買収の話まで進んでいたのですが、契約寸前でコロナ禍のため中断していました。現在の計画が頓挫したら、また初めからやり直しです。不安が募ったのですが、バングラデシュの関係者も、日本の投資家の方も「コロナ禍だから仕方ない」と理解を示してくれたので、とりあえず胸をなでおろしました。ちなみに、スラムでの活動や、住民を対象とした無償のメディカルキャンプなどは２０２３年に再開し、私が現地で指揮をとっています。

また、ブルキナファソで始まった農場経営に関しては、私は一度も現場を見ることができていません。実務はビ・ソンゴに任せており、メールやチャットで報告は上がってくるのですが、やはり現場を知らないとモヤモヤする時があります。例えば２０２３年はインゲン豆が豊作で、地域の学校に通う子どもたち１６５人の９カ月分、農地で働くシングルマザー40人の３カ月分の食料として供給された、と報告を受けています。とても喜ばしく思うとともに、改善点はないか、より収穫を増やすにはどうしたらいいかといったことも考えなければ……と気になる自分がいます。やはり私は現場を見て、知って、理解して、その上で行動するタイプの人間なのです。今は我慢の時ですが、ブルキナファソの農地の様子や、働く住民の表情を早く見たいとウズウズしています。

現在の世界——真の平和とは？

本書も終わりに近づいてきました。はからずも、自身のこれまでの活動をまとめて振り返る機会にもなったのですが、あらためて自分の歩んできた道を眺めて見ると、我ながら「よくまあ前進できたものだ」と思います。

なんとなく医学の道を選び、様々な人との出会いを経て、その結果アフリカやカリブ海や東南アジアなどを行ったり来たりして、診察をしたりトイレを掘ったり公衆衛生を学んだり牛を飼ったりしている。日本に帰れば貯金を全てはたいて、「食事代がない」「バス代がないから歩いてきた」などと言いながら、同時に「世界から貧困をなくそう」と訴えている。これが他人の話なら呆れてしまいそうです。でも、後悔はありません。

もし私が医療支援という道に出会わなかったら、今頃どこかのまちで開業し、それなりに安定した仕事と生活を手に入れていたのかもしれません。しかし私は見て、知ってしまった。ハエにまみれて静かに息を引き取っていく人、がれきの中で涙を流す人、都市の巨大建築に踏みつぶされそうな薄暗い路地で疫病にむしばまれていく人、水道も電気もない粗末な小屋に住みながらそれでも誰かに分け与えようとする人。この本では語れない、目を逸らしたくなるような現実にも、何度も直面してきました。その度に私は「なぜこの人たちが不幸にならなければならないのか」と自問を繰り返したのです。

そして今、ガザでも罪のない人々が命の危機にさらされています。先日、メディアが紹介していたガザの住民は「世界に失望している。世界はこの悲劇をただ傍観しているだけだ」と語っていました。彼らの失望が痛いほど分かります。

こうした人たちの命を救いたい、少しでも幸福になってほしいと願いながら、支援の手を差し伸べる人々は世界中にいます。巨大な怪物に素手で闘いを挑むようなものですが、絶対に後へは引かない。そんな姿も見て、知ってしまった。今は私も、そうした活動の中にいます。もう後へは引けません。

ブルキナファソで子どもたちに囲まれる

ところで、近年の日本では「自己責任」という言葉をよく目にします。一時期は社会的弱者に対する高圧的な言葉として使われ、最近はそうした考え方に対する間違いも指摘されるようになりましたが、国際協力に関しては昔からこうした偏見が存在します。例えば「その国が貧しいのは人々が働かないから」、「子どもを産み過ぎるから飢餓になる」などなど。中には、現地で支援活動をしている人たちに対して「これだけ支援しても立ち直らない国をまだ助けようなんて、バカな人たちもいるものだ」などと揶揄する声もあります。無理解の極みなので相手にしませんが、ここまではいかないにしても、発展途上国に対する誤解はまだ根強く残っていると感じます。今の世界において「自己責任」という言葉は意味を成しません。

そもそも世界の国々は、もとから不平等に作られています。気候も面積も環境も歴史も、何もかもが違う。作物が育ちにくい乾燥地帯で、海運が使えない内陸に位置していればこれだけでも経済的に大きなハンデとなり、さらに違う民族がバランスを保ちながら暮らしていたところへ他国が入り込み、搾取を繰り返した上で勝手に国境を作れば紛争が起きます。こうした現実は、前述の『貧困の終焉』に、より細かい分析と共に書かれているので、ぜひ読んでいただきたいと思います。

そしてこの不均衡の中、日本を含めた先進国と呼ばれる国々は、限られた資源を使って先に豊かになっています（あくまでも経済的な豊かさですが）。これからは、そうでない国々にもっと目を向けて、地球規模での再分配を進め、助け合っていくことが必要。しかも、今や世界は繋がっているため、遠い国の不幸はいずれに自分に関わってきます。善意を語る以前に、助け合わなければならない構造になっているのです。

こうした考え方や取り組みについて、日本にいる間、機会があれば積極的に講演をさせていただいています。その話の中で、よく取り上げるのが平和の問題です。例えば「平和をつくる具体的行動とは何か」、「世界平和の推進に何が必要か」といったことがテーマですが、ロシアによるウクライナ侵攻をきっかけに、平和への関心はますます高まっているのを実感しています。そんな中でも、聴衆の興味を強く引くのが「直接的暴力と構造的暴力」という話です。簡単に紹介しましょう。

戦争や紛争は「直接的暴力」です。侵略、破壊、殺傷を伴い、誰の目にも残酷に映ります。この直接的暴力を起こさないことが平和の絶対条件であることは言うまでもありません。その一方、こうした争いの余波で生活地を追われ、難民キャンプなどで暮らす人々は、戦闘に直接巻き込まれてはいなくても、平和な暮らしを送っているとはいえません。さらに視野を広げると、適切な医療や教育を受けられない場所で生きる人たちの生活は平和だと言えるのか、という疑問にたどり着きます。

ノルウェーの社会学者・数学者で「平和学の父」と呼ばれるヨハン・ガルトゥング氏は、政治的抑圧や経済的不平等、つまり差別、貧困、飢餓、さらに医療や教育を受けたいのに受けられない、といったことまでを含めて、潜在的または間接的な暴力が存在するとし、これを「構造的暴力」と定義。そしてこの構造的暴力をなくすために積極的平和を推進することを世界に提案し、直接的暴力と構造的暴力をなくした状態が真の「平和」であると提唱しました。この考え方が、今日の平和研究の基礎概念となっています。つまり、構造的暴力に立ち向かう国際協力という活動は、平和構築の一環なのです。国際協力を通して民族や宗教を超えた信頼関係が構築されれば、それが平和に繋がると我々活動家は信じています。

ガルトゥング氏は、この本がまだ世に出ていない2024年2月17日に93歳で永眠されました。何よりも平和を愛し、人類全体を愛し、日本にも様々な提言をくださったヨハン・ガルトゥング氏のご冥福をお祈りします。その思想は世界中の人々に受け継がれ、氏が目指した世界に向かって、たとえ手探りでも前進をつづけていくことでしょう。私もそうした中の1人です。

未来へ向かってスタートを切り続ける

このような平和に向けた活動を進めていくにあたって、乗り越えなければならないいくつもの壁があります。その一つが〝世代交代〟です。

暴力の根絶や平和の確立は一世代だけで解決できる問題ではありません。長い時間をかける取り組みになり、達成した先にはそれを維持する活動が待っています。だからこそ後継者を育成し、うまく世代交代を進めていく必要があるのですが、多くの民間団体が「リーダーありき」の体質になっているのが現状です。

私たちＦｕｔｕｒｅ　Ｃｏｄｅも、「大類がやっている組織」では今後の成長が望めません。しかし、後継者を育てるのは本当に難しい。Ｆｕｔｕｒｅ　Ｃｏｄｅ代表の大類という立場で言えば、日本で医師免許を取得し、イギリスでも学位を取って、それでも生活は貧困レベルなのです。その上で支援活動を展開し、団体を運営しながら医師の仕事とビジネスをバランスよく保たなければならない。そこまでやろうと思う人がいるでしょうか（もし心当たりがあればこっそり教えてください）。

募金箱を置く「しずく」の店主清水宏さん

この問題に対し、私がい

つか引退する時にはリーダーを2～3人立てて、組織を分割しようと考えています。例えば、医療を担う部署とビジネスを進める部署、それに運営と三つくらいに分けたらなんとかなるのでは……という考えです。私は必要にかられて色々なことを同時並行で進めていったので、組織が複雑になり、その全てを見ていますが、これからは頭脳をいくつかに分散させてそれぞれの持ち場を守ってもらい、時にはその相乗効果により1人でやるよりも優れたアイデアとバイタリティを発揮できる、そんな組織になってくれれば、という構想があります。

そうした中、コロナ禍において各地の支部やNGO、リーダーたちが自立した取り組みを進めてくれたのは、とても良い変化でした。これからも、現地の成長はどんどん後押ししていきたいと考えています。また、学生部BYCSにも期待をかけています。もちろん、学生たちは卒業すると就職するでしょうし、私も「一度は社会に出た方がいい」とすすめていますが、社会人として一通りの経験を積み、そして自分たちが思い立ったタイミングで国際協力の舞台に帰ってきてくれれば嬉しい。そのためにも、そうした思いを受け入れられる組織を作らなければなりません。

このように、組織の将来像や理想の世界を見つめながら、現在の課題に向き合いつつ、

Future Codeは活動を続けています。目下の目標は、まずバングラデシュの総合病院建設の実現です。これは途上国主体のシステムではなく、日本式の病院のシステム導入で進めることを考えています。同時に、インフラが追いつかないような地方の現状もあるので、救急車が何時間もかかるような場所であれば軍の許可をとってドローンで患者を搬送するという方法もある。こうしたアイデアは、日本では極めて実現困難なので、日本を超えるものにしていきたいと考えています。

ハンドクリームを販売する en⁺（エンタス）の店主上田和良さん

他にも、水の浄化プロジェクトという取り組みも進行中です。これが完成すればかなり画期的なものになるのですが、様々な問題も絡んでいるので、それを一つひとつ取り除いている段階です。こうした革命的なものへの挑戦はこれからも続けていきます。また、ハイチでは結核の無料検診を再開したいし、ブルキナファソでは食料支援を続けます。マラリア対策と衛生環境改善でスタートしたプロジェクトは少しずつ変化しており、今後は農業による食料生産の比重が高まりそうな予感がします。ハンドクリーム「ｈａｄａｎｉｓｈｅａ」も拡大していきたい。これらは全てチャレンジです。

他にもやりたいことは山ほどあります。私もＦｕｔｕｒｅ Ｃｏｄｅも、必要があれば何度でもスタートを切り続けることでしょう。そして、私たちの全ての活動にゴールはないのです。

あとがき

Ｆｕｔｕｒｅ Ｃｏｄｅを創設したのは２０１１年５月。神戸市で６人の仲間と共に、当初は任意団体として立ち上げました。「世界中の貧困や災害などに苦しんでいる国々の医療に、未来へのカギを」というのが団体名の由来です。ロゴには、現在の世界の六大陸が形成される前に存在していたとされる世界大陸〝パンゲア〟が描かれています。

パンゲアを選んだのは、子どもの頃に聞いた「世界はもともと一つで、国境などなかった」という話がずっと記憶に残っていたからです。その時のイメージをもとに〝たとえ国は別々でも、貧困や災害などには地球に生きる同じ人間の問題として取り組む。我々は精神的に一つである〟という思いを込めました。また、パンゲアの下にあるのは持ち手が蝶の形をしたカギ。蝶は復活の象徴であり、その国の医療がサナギから蝶へと着実なステップを踏んで成長する手助けをする、という意味があります。

＊　＊　＊

この〝精神のパンゲア〟を実現するにあたって、大きな障壁があります。世界の無関心です。先進国では多くの人が衣食住の整った生活を送っていますが、その反面、世界のどこかでは想像を絶するような環境でどうにか命を繋いでいる人たちがいます。今の世の中では、そうした事実を誰もが知っているはず。しかし、その中で関心を寄せてくれる人はごくわずかです。貧困、疫病、紛争といった情報は目に入っているのに、心まで届いていない、そんな印象を受けます。

これは日本も同じです。私も日本人ですが、例えばバングラデシュについて何らかの知識を持っている人にはあまりお目にかかれません。東南アジアのどこかにある国、という感覚だと思います。しかし実際は、日本とバングラデシュは重要な貿易相手国であり、私たちが普段使いしている既製服も、人件費の安さから多くをバングラデシュからの輸入に頼っています。そのおかげで日本は安価なモノづくりができ、バングラデシュは縫製業を一大産業に成長させ、ＧＤＰを伸ばせている。互いになくてはならない存在といえるでしょう。もしバングラデシュで洪水が起きれば、私たちの生活にも何らかの影響が出ます。なのに、関心が薄いのです。

また、日本を含めた先進諸国の人々は、大なり小なり「私たちの国は先進国である」というプライドを持っていると思います。国が経済的に発展しているというのは先人たちの努力と、それを受け継いで今を生きる人たちの努力によって生まれた結果なので、それはそれでいいと思うのですが、そうした国は〝ヒューマニティ〟という面でも先進的であるべきではないか、というのが私の考えです。経済だけでなく、戦争や貧困といった巨大な不条理に対しても、世界をリードして向き合い、助け合うというのが当然なのではないでしょうか。

とはいえ、誰もが国際支援に直接参加できる訳ではありません。人にはそれぞれの営みがあり、仕事をして、家族を支え、国に税金を納めなければならない。だからこそ、私たちのような国際支援活動家がいて、各団体があるのです。最も簡単な手段は寄付。皆さんが寄付というかたちで思いを託してくれれば、私たちはそれを預かり、その気持ちを支援地で代行します。託す相手は我々Ｆｕｔｕｒｅ Ｃｏｄｅでもいいし、他の団体であってもいい。食料、医療、衛生、教育などなど、できることは山ほどあります。自分が関心のある分野をピックアップし、それについての活動を行っている団体を調べ、信用できると思ったらそこに寄付というかたちで思いを託せば、その団体の人たちがあなたに代わって現地に行ってくれるのです。

ちなみに、本書の第5章では、現地とＦｕｔｕｒｅ Ｃｏｄｅの自立について語りました。これは誤解しないで頂きたいのですが、目標は「寄付がいらないようにする」というものではありません。寄付はこれからも必要です。１００万円の寄付が集まれば、それだけの人が助けられます。寄付が1千万円になれば10倍の人が助けられる。もちろん、お金による寄付だけではなく、活動に参加するとか、告知活動を手伝うなど、サポートの手段は数多くあると思います。

あるいは、自分なりの方法というのもあるかもしれません。例えば、気になる国のことをネットで調べて知識を深める、あるいは関連する書籍を読むなどして、そこで知り得た知識を他の誰かに伝える……といったものです。小さなことでもいいので、何らかのアクションを起こしていけば、そこから新しいものが生まれることもあるでしょう。何を見ればいいのか分からないという方は、私たちＦｕｔｕｒｅ Ｃｏｄｅの公式Ｗｅｂサイトをぜひご覧ください。本書で紹介した内容もいくつか掲載されています。

＊　＊　＊

さらにここで、最新の活動についても、ご報告いたします。

沖縄の離島の一つである久高島の診療所に、患者搬送のための多目的緊急搬送車両を寄贈しました。これは沖縄首里ロータリークラブが主体となり、私たちＦｕｔｕｒｅ Ｃｏｄｅと共同で行ったものです。

久高島では患者が出ても緊急搬送が可能な車両がなく、それに加えて緊急搬送時に心臓マッサージなど医療行為もできないため、緊急医療が困難な状況が続いていました。久高診療所の島医者である鈴木貴明医師らと行政との話し合いが続けられていましたが、様々な理由から今まで解決できなかった現実があり、そこで鈴木医師の知人であった私に相談があった事からこの支援計画は始まりました。

命を守るための搬送車両がない現実は、人の死に直結するため、迅速な支援が必要と判断しつつ、これは沖縄の問題でもあるため、私が所属する沖縄首里ロータリークラブに協力要請を行ったところ会長はじめ多くの会員の方々の賛同と共に、今回の支援の主体となっていただき、一つ一つの問題を解決した結果、これが実現しました。

受納式には南城市長、八重瀬町長、消防長消防司令長、市議会議員など多数ご参加たまわり、感謝のお言葉をいただきました。

久高島の皆様からも、緊急時の搬送が可能となった事で大変安心する事ができる、との話や、島医者の鈴木医師からも、今回の車両寄贈の実現は、医療面での恩恵以上に、久高にとって大きな勇気をもらえた、とのお言葉をいただきました。私たちも、この支援の実現がどれほど大きな意味を持つものかを改めて感じています。

これからも私たちも離島の事情を学びつつ、様々な問題解決に取り組んでいきたいと思います。

これらの活動は、沖縄首里ロータリークラブと共同で実施していますが、ただこれも、これだけで終わりではなく、もちろんこの久高島にもフォローのためにも関わりますし、他の離島にも必要な支援であればそれも行うつもりがあります。

離島の事情はそれぞれになかなか複雑で、そういう意味では私たちの活動の対象として該当する必要があるな、と感じています。

今後とも、日本も含め世界中で、支援が求められることがあれば応えていきたいと思います。

＊　＊　＊

今の社会において、人は情報の洪水の中にあり、そこで様々な〝選択〟をしています。少し調べたら、各国の貧困のことや、アフリカの飢餓、疫病や虐殺などの情報がいくらでも出てくる世の中です。そして情報を得た後は、それを無視するのか、あるいは何かのアクションを起こすのかという選択をするのですが、無関心というのは〝無視する選択をしている〟ということを意味します。かつての私にも、その選択肢はありました。でも私は、行動する方を選びました。発展途上国に困難を抱えている人がいる。何とかならないものかと思う。そこで〝無視する〟という選択は自分の中で矛盾する。だから行動する。つまり、見たものと、心と、行動とを一致させたかったのです。

こうした話は講演でも披露します。そして、同時に伝えていることなのですが、私の話を聞いて共感し（それはとても嬉しいのですが）、ほとんどの人がおそらく3日後には忘れてしまっています。「いい話を聞いた」と自分の中で共感を消費しているだけなのです。そうではなく、本書を読んで何か感じるものがあったら、何かのアクションを起こしていただきたい。小さなことでもいいので、見たものと、心と、行動を一致させてほしいのです。

この一冊を通して各国の現場で見てきたこと、出会った人たちのことを伝えました。読んでいただいた方の心に、何かが残れば嬉しいです。そして、もし心に感じたものがあるなら、その後にどういう選択をするのかは、皆さん次第です。

大類　隼人（おおるい　はやと）

国際医療支援団体 認定NPO法人 Future Code 理事長／医師

1981年3月20日生まれ。幼少期を東京で過ごし、関西大倉高校を卒業後、兵庫医科大学に入学。医師免許取得後、呼吸器外科医および救命救急医として経験を積む。兵庫医科大学病院では、救命救急と呼吸器外科の兼任助教を歴任。

その後、東日本大震災、熊本地震、トルコ東部地震、ハイチのハリケーン災害など、国内外の災害医療活動に参加。こうした経験を通じて途上国の被災地や貧困の現状に直面し、2011年に国際医療支援を目的とする認定NPO法人 Future Code を設立、理事長に就任。

2012年に大学病院を退職し、途上国の医療支援を続ける中で専門性を高めるため、2015年に英国リーズ大学院 Public Health International に進学、卒業し、マスターを取得。

また、ハイチ、バングラデシュ、ブルキナファソなどの途上国や、日本国内の離島においても医療支援活動を展開。医療支援のほか、農業、人材育成、極度の貧困削減、雇用創出を目的とした収益事業にも取り組む。国内では、日本から国際社会で活躍する人材の育成を目的に講演活動や大学生への教育活動を行っている。

国際ロータリー第2580地区沖縄首里ロータリークラブの会員も務め、ロータリークラブが行う教育や国際支援にも尽力。

パンゲアの鍵《かぎ》

途上国《とじょうこく》の医療支援《いりょうしえん》に挑《いど》み続《つづ》ける、ある医師《いし》の軌跡《きせき》

発行日――――2024年12月25日　初版第１刷

著者――――――大類隼人

発行者――――田村志朗

発行所――――（株）梓書院

〒812-0044　福岡市博多区千代3-2-1

TEL 092-643-7075　FAX 092-643-7095

印刷製本 ――――シナノ書籍印刷㈱

ISBN978-4-87035-820-1